Tueuses

Quand la peur change de camp

©2023. EDICO
Édition : JDH Éditions
77600 Bussy-Saint-Georges. France
Imprimé par BoD – Books on Demand, Norderstedt, Allemagne

Conception et réalisation couverture : Cynthia Skorupa

ISBN : 978-2-38127-338-9
Dépôt légal : octobre 2023

El Herrero – Tancrède Culot-Blitek
Mickaële Eloy – Sylvie Bizien
Franck Antunes – Jean-Hughes Chevy
Johann Beckers – Alain Maufinet
Denis Morin

Tueuses

Quand la peur change de camp

JDH Éditions

Les Collectifs

Préface de l'éditeur
et directeur du présent collectif

Autour de moi, quelque part dans le sud de la France, j'ai entendu parler d'un homme qui a sauvagement voulu agresser une femme. Preuves à l'appui. Probablement voulait-il la violer. Une Italienne. Qui, plutôt que d'avoir peur, a été envahie par la rage, la haine de l'agresseur. Une confrontation physique à mains nues s'en est suivie, de laquelle l'homme est sorti avec un corps brisé, des épaules aux jambes en passant par le dos. Seule une chirurgie fut à même de le réparer ; et encore, certaines séquelles ne disparaîtront pas. Autour de lui, il a prétexté une rixe. Personne n'a porté plainte : ni l'agresseur démoli, ni l'agressée qui a largement outrepassé la dose prescrite par les règles de légitime défense. Le masculinicide n'était pas loin.

Ayant raconté cette histoire à différentes personnes, en France, voici les réactions les plus courantes :

— Elle était avec un mec qui a défendu sa protégée ?

— Elle est prof de krav-maga ou d'un sport comme ça ?

— S'agit-il vraiment d'une femme ou bien d'un trans ?

Ayant raconté cette même histoire à des amis italiens, voici les réactions les plus courantes :

— Quel salaud, bien fait !

— Ça m'étonne pas, tu t'en prends pas à une Italienne.

— Plutôt risquer sa vie en se battant que d'être déshonorée, bravo !

Deux pays voisins, aux cultures proches. L'Italie : un pays où le féminisme n'est pas érigé en porte-drapeau idéologique, où la drague est encore permise. Et pourtant, un pays où ça n'étonne pas grand monde qu'une femme puisse se défendre avec une telle rage qu'elle en finisse par agresser son agresseur. En France, cela étonne, interpelle… Pourquoi ? Car, à longueur de journée, à longueur d'année, on nous martèle que la femme est l'être fragile, victime de féminicides, qui a besoin d'être protégé par l'État, avec toujours plus de lois. Des lois qui répriment à peu près tout ce qu'un homme ayant du désir pour une femme peut entreprendre avec galanterie.

Les médias nous présentent régulièrement la femme comme étant la victime. Certes, c'est souvent le cas. Mais elle peut aussi être le bourreau. Les masculinicides (symétrie des féminicides, même si le mot n'est pas encore dans *Le Larousse*), cela existe, et on n'en parle pas. Ou si peu. À la dernière page des faits divers. Alors qu'un homme qui a tué sa femme en fera la une des mois durant. On prône l'égalité des sexes, mais où est-elle ?

Qu'il s'agisse de se défendre ou bien de prédation, y compris sexuelle, la femme peut aussi être le bourreau. Selon la députée LREM Claire O'Petit, en 2019, il apparaissait qu'en moyenne, en France, un homme meurt tous les 13 jours sous les coups de sa conjointe. Un phénomène totalement passé sous silence. Probablement car cela ternit l'image de la virilité toute-puissante, qui serait en définitive à l'origine du féminisme à la française. C'est aussi pour cela que de nombreux cas de violences faites aux hommes par les femmes ne sont pas déclarés aux services de police. Et que, même s'ils le sont, ils ne sont pas toujours forcément pris au sérieux.

Selon les statistiques, c'est environ 20 % des victimes de violences conjugales en France qui sont des hommes (statistiques de 2016 ayant peu évolué depuis) :

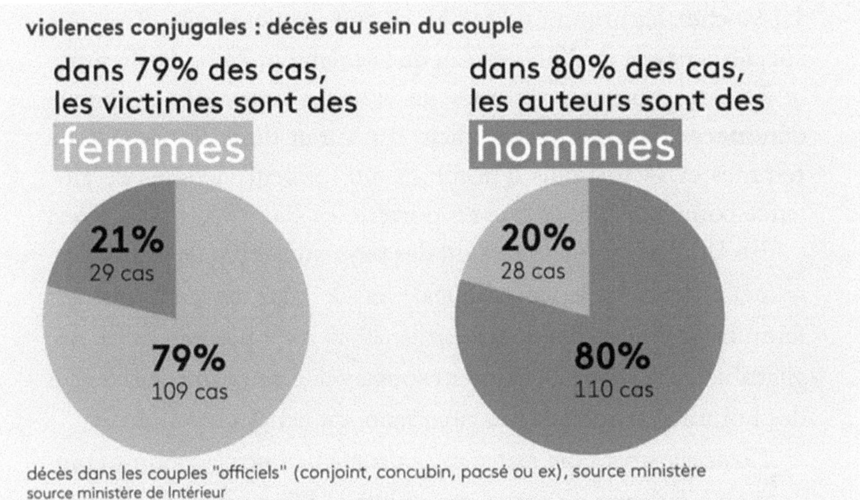

décès dans les couples "officiels" (conjoint, concubin, pacsé ou ex), source ministère source ministère de Intérieur

20 % : ce n'est pas négligeable, mais ce chiffre est passé sous silence.

Il est vrai que le chiffre est loin d'être « égalitaire ». Pourtant, il y a des pays où il se rapproche de l'égalité. Par exemple aux États-Unis et au Canada. Aux États-Unis, le *National Intimate Partner and Sexual Violence Survey 2010 Summary Report* rapporte que :

• Plus d'un tiers des femmes (35,6 %) ont été victimes de viol, de violence physique ou de harcèlement par leur partenaire à un moment donné de leur vie.

• Plus d'un homme sur 4 (28,5 %) a été victime de viol, de violence physique ou de harcèlement par son partenaire à un moment donné de sa vie.

Cela fait un ratio de répartition de la violence conjugale d'environ 55/45 contre 80/20 pour la France. Le Canada est quant à lui autour des 50/50. En effet, ce pays publie régulièrement différentes mesures dressant le tableau de la violence conjugale au pays. Les statistiques policières de 2009 montrent que 173 600 femmes de 15 ans et plus ont rapporté à la police être victimes de violence criminelle, soit 1,2 % des femmes canadiennes. Le taux était de

1,1 % chez les hommes. De plus, il faut souligner que l'Enquête sociale générale de 2009 révélait que seulement 23 % des femmes et 7 % des hommes victimes de violence conjugale criminelle dénoncent l'incident à la police. Il y aurait donc 5 fois plus de femmes et 14 fois plus d'hommes qui seraient victimes de violence conjugale que ce que rapportent les statistiques policières.

En Europe, la France est un des pays où le ratio de répartition sexuelle de la violence conjugale est le plus en défaveur des femmes. Même si, encore une fois, 20 % n'est pas un chiffre négligeable. Et il est probablement sous-évalué en raison de la honte des hommes, sûrement très prégnante vu le discours ambiant.

En amalgamant des statistiques du site CountryEconomy.com, il apparaît que nos voisins, que sont l'Italie, l'Espagne, l'Allemagne, voient ce ratio se situer plutôt autour des 65/35 que des 80/20. Dans certains pays d'Amérique du Sud, comme le Honduras, il y a plus d'hommes victimes de violence conjugale que de femmes. En effet, entre 2014 et 2020, on dénombre dans ce pays 120 femmes mortes de violence domestique pour 212 hommes, soit un ratio de 36/64 (36 % de femmes et 64 % d'hommes). [Source : Honduras - Homicides intentionnels 2020 | countryeconomy.com]

Pourtant, si on fait des recherches en français sur la violence conjugale en Amérique du Sud, y compris au Honduras, on ne trouve que des articles mentionnant la violence faite aux femmes, et les féminicides. Parti pris médiatique ? Probablement… Au Chili, en Russie, la violence conjugale est à peu près égalitaire. Pour beaucoup de pays, il n'y a pas de statistiques crédibles sur le sujet. Voici résumées quelques données amalgamées selon différentes sources. La plupart provenant du site CountryEconomy, en faisant un récapitulatif sur les 5 dernières années.

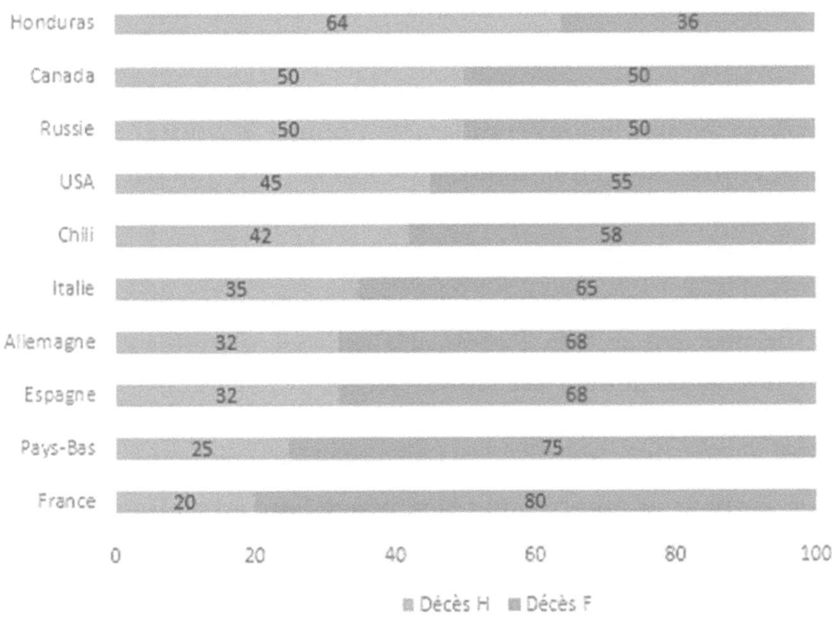

Graphique élaboré selon différentes sources citées plus haut

Les Françaises se défendent-elles moins, en raison d'une peur distillée à longueur de journée par les médias qui présentent l'homme comme un dangereux prédateur ? Sont-elles moins susceptibles d'agresser l'homme par nature ? Ou bien les violences faites aux hommes sont-elles davantage passées sous silence qu'ailleurs, et les masculinicides moins déclarés comme tels ? Ce serait étonnant que ce phénomène de sous-évaluation soit nettement plus important qu'ailleurs. On peut en effet douter qu'en Russie ou au Honduras, les autorités n'aient pas la moindre honte à recevoir des cas d'hommes victimes de violence domestique…

Une différence existe peut-être, mais de quelle ampleur ? Nous ne trancherons pas car personne ne peut avoir la réponse.

Aujourd'hui, nous ne voulons ni rendre hommage aux femmes qui tuent des hommes, ni nous apitoyer sur le sort des pauvres hommes qui meurent sous les coups de femmes. Nous voulons simplement prendre le contre-pied de la pensée ambiante dominante qui ne jure que par les féminicides. Nous voulons montrer que les masculinicides (ou virilicides) existent aussi !

Parfois, il s'agit de femmes qui se défendent ou se rebellent, on ne peut pas le nier. Parfois, il s'agit tout simplement de femmes qui tuent pour des raisons pécuniaires ou par instinct, voire pour le plaisir. Cela existe aussi.

Ce livre collectif n'est pas là pour dénoncer quoi que ce soit. Juste pour montrer que la violence faite aux hommes par les femmes, cela existe aussi, et parfois dans des circonstances pouvant laisser le lecteur pantois.

Au-delà des statistiques, dont il a été question dans cette préface, plusieurs faits divers attestent de cette violence.

C'est justement sur ces faits divers que cet ouvrage exceptionnel et inédit va à présent s'attarder.

Aussi, son principe est simple : plusieurs plumes de talent, toutes et tous écrivant chez JDH Éditions, se sont adonnées à retranscrire des faits divers en nouvelles. Ces derniers ont été plus ou moins maquillés. Chaque auteur apportant sa propre sensibilité. Rien n'est vrai à 100 %, mais rien n'est imaginé à 100 %. Le degré de vérité allant de 50 % à 90 % dirons-nous selon les nouvelles. Chacune des nouvelles qui vont suivre s'appuie donc sur un fait divers, plus ou moins réinventé ou déplacé de son contexte pour être transposé à un autre contexte. À chaque fois, une femme tue un ou plusieurs hommes. Soit pour se défendre, soit pour se venger, soit par égo, par instinct, soit parce que c'est en elle…

Et tout est, répétons-le, inspiré de faits réels.

Le fait divers sur lequel s'appuie la nouvelle sera présenté en introduction et le lecteur pourra alors se délecter ou au contraire frémir en lisant la nouvelle. Toutes écrites par des plumes de grand talent !

Place aux tueuses à présent, qu'elles le soient d'instinct ou de force !

Jean-David Haddad

Amazonia

Par El Herrero

Cette nouvelle, qui peut choquer par sa violence et sa cruauté, est très proche de la réalité. Elle est adaptée d'un fait divers ayant eu lieu en Afrique du Sud au milieu des années 2010. Un gang de femmes kidnappait et violait des hommes dont très peu ont osé parler et porter plainte malgré les sévices qui leur étaient infligés. Un fait divers parmi tant d'autres. Reese Mann, directeur de « South African Male Survivors of Sexual Abuse », a alors déclaré à la presse que « près de 20 % des violences sexuelles signalées à la police étaient faites sur des hommes ».

WOMEN GANGS RAPE MEN PUT SEMEN SPERM INTO VIALS AND FREEZE (canadiancrc.com)

Cette nouvelle est aussi adaptée d'une histoire… Celle d'une rencontre authentique de l'auteur avec une femme hors-norme, star des combats clandestins mixtes les plus sordides des favelas brésiliennes. Une rencontre qui a marqué l'auteur à jamais.

Le fait divers des violeuses sud-africaines a été croisé avec le récit de cette femme sans limites, adepte de la suprématie féminine, et qui a elle-même séjourné en Afrique du Sud.

— Vous les Européens, vous avez perdu vos couilles. Avant, vous étiez forts, mais depuis qu'il y a plus de guerre, et comme y a pas de guérilla chez vous, qui a des couilles ? Ah… mercenaires, légionnaires, mafia ! Et à part ça, rien. Un fou tue vos enfants ou votre mère, il va en prison, ou même pas, il continue sa vie, et vous faites rien ! Juste pleurer. Même pas le cran de prendre un sabre ou une machette et lui couper la tête ; ou une pelle si tu préfères, mais il faut insister, ça prend plus de temps. Moi je suis pas comme vous, va essayer d'aller toucher ou même seulement insulter ma mère ou mes sœurs au Brésil, tu verras…

Elle est l'amie d'une vieille amie colombienne qui officia en son temps dans les escadrons de la mort. Attiré, fasciné par ce genre de femmes, j'étais venu de Paris pour faire sa connaissance… Ma vieille amie m'a raconté le genre de missions qu'elles ont accomplies ensemble : des histoires dignes d'une série Netflix. L'envie de découvrir cette Brésilienne me brûlait.

Une heure maintenant que je suis face à elle, une heure que j'entends ces discours hallucinants. Ce qui la rend encore plus envoûtante, fascinante. Attirante, pour dire vrai.

Elle regarde sa Rolex. Et me fixe.

J'ai compris. C'est l'heure de partir.

— J'ai deux questions avant de partir, si tu permets.

— Hmmm, vas-y.

— Je peux te surnommer Amazonia ?

Cela semble la ravir.

— Bien trouvé ! Pas mal !

Plus compliqué : je vais oser la question qui tue…

— Deuxième question : as-tu déjà tué ?

Aucune gêne sur son visage. Elle désigne du regard le ruban jaune qui est fixé dans son studio du sol au plafond, bien tendu, et sur lequel il est écrit « scène de crime ».

Pas étonnant qu'elle y fixe son regard. La présence de ce ruban m'a justement interpellé au point de lui poser la question.

— Tu vois, je vis ici avec ce ruban pour me rappeler le jour où j'ai quitté ma favela. Ce jour, putain… ma vie elle a changé. Ils sont venus et ont posé ce genre de truc de merde. Ma mère m'a dit de partir loin, très loin. Même si la *policía* avait son coupable, le danger c'était pas eux mais la mafia de la… l'immobilier, tu vois… Tous les jours que je me réveille ici, je pense à retourner chez moi, et ce ruban me rappelle ce qui s'est passé, pourquoi j'ai été obligée de quitter ma famille.

Je lui fais comprendre que j'ai du mal à la suivre. Quel rapport avec la mafia immobilière ?

— OK, petit. Assois-toi, je vais te raconter, j'annule mon rendez-vous.

Un ton sec, autoritaire.

Elle pianote un court instant sur son iPhone. Qu'elle pose sur la table basse.

— Éteins ton téléphone et tu le poses à côté du mien, me dit-elle.

Je la regarde.

— Tout de suite ! assène-t-elle.

Je m'exécute.

Elle prend une grande inspiration…

Se lève.

S'adosse au mur.

Me regarde.

Perchée sur des talons d'une dizaine de centimètres, ses cheveux nettoient le haut du cadre de porte.

Qu'elle est grande ! Mais qu'elle est grande !

21 juin 2017

Le soleil de São Paulo va bientôt se coucher. Les enfants finissent de jouer au foot sur ces graviers mélangés à la terre battue tandis que des odeurs de grillades mâtinées d'huile émanent des favelas.

Devant elle, cet amas de bidonvilles en briques ocres taguées.

Adossée au mur, elle observe, au-delà des favelas, les tours blanches à l'architecture tourmentée. Elle compte les étages. Vingt-sept. Autant que ses années passées sur Terre. Elle est tout sourire. Elle sait qu'elle peut y loger : son rêve de petite fille. Elle en a les moyens, maintenant. Mais cela l'éloignerait trop de sa mère.

Elle préfère vivre dans cette bâtisse adjacente à celle de la matriarche. L'insécurité grandit dans ce quartier. Sans arme, c'est compliqué. Et sa mère refuse de s'armer.

Elle savoure à chaque instant les moments passés ici, chez elle, loin des geôles sud-africaines où elle a croupi pendant quelques mois infinis.

Le gang des violeuses. C'est ainsi que la presse locale les avait nommées, au milieu de faits divers plus sordides les uns que les autres. Elles avaient été arrêtées pour trois kidnappings et deux viols, mais le vrai nombre lui échappe.

Tout cela est si loin, même si elle y pense chaque jour. Quelques années.

Les hommes violés et battus ont du mal à parler, à avouer.

Et la police a encore plus de mal à s'y intéresser, que ce soit en Afrique ou ici, au Brésil. La honte de l'homme est parfois une aubaine pour la femme.

***

Elle revoit encore le regard implorateur de ce pauvre touriste européen qui fut libéré nu comme un vers dans les champs, après trois jours de sévices sexuels. Il fut le plus courageux de

19

tous. Le seul qui tentait de se défendre. Tous les autres : tétanisés par la peur.

Kidnappé alors qu'il faisait du stop sur une petite route défoncée entre Pretoria et Johannesburg. Elle le revoit, assis à l'arrière du minibus qu'elle conduisait. Elle y repense mais ne regrette rien.

Un beau brun, plutôt sportif, de taille moyenne, sac à dos, d'une trentaine d'années. Originaire de Belgique, l'anglais n'était pas sa langue maternelle, mais il réussissait à se faire comprendre. Il la questionnait sur le Brésil, un pays qui le fascinait et dans lequel il envisageait de se rendre après sa tournée sur le continent africain.

— Le Brésil, c'est pas pour toi. Ici non plus.

Il voulait faire le tour du monde avant de penser à entrer dans une vie bourgeoise à l'européenne. Se caser, comme il disait. Mais… c'est dans une grange abandonnée qu'il allait se retrouver casé pendant trois longues journées. Il ne s'en doutait pas encore à cet instant.

À l'avant de la voiture, elle conduisait, fenêtres ouvertes, sous une chaleur écrasante. À ses côtés, son amie de circonstance. Surnom : Africana. Même taille qu'elle, mais plus épaisse, plus flasque aussi. Une trentaine de kilos de plus. Elles comparaient leur couleur de peau. Avant-bras contre avant-bras.

— Toi t'es noire, même si t'es pas très noire, t'es une negrita, alors même avec le soleil, même si on va passer des jours entiers à la plage, j'arriverai pas à avoir la même couleur que toi.

Focalisées sur leur couleur de peau, elles écoutaient à peine leur passager arrière qui vantait les mérites des paysages.

Soudain, la voiture se gare sur le côté. Une vieille grange se trouve à quelques pas de là.

Une panne de voiture, en plein cagnard. Tout semble normal.

Il sort du minibus et propose de les aider. Elles s'approchent toutes deux de lui… Et voilà qu'il se prend sans préavis un coup de genou dans le ventre, puis un énorme crochet sur la gauche du visage. Sonné, il s'effondre. S'ensuit un passage à tabac, un déferlement de coups de pied. Quatre pieds frappant dans ce corps hurlant, au gré d'injures en différentes langues. La pluie de coups s'arrête au bout d'une vingtaine de secondes.

Elle ouvre le coffre et en sort une longue corde.

En quelques minutes, le voilà ligoté. L'Africaine le soulève, le place sur son épaule droite, et le transporte dans la grange. Tel un vulgaire sac, il est jeté au sol.

Il hurle de douleur, supplie, ne comprend pas ce qui lui arrive.

Des traces de sang sur le mur, des chaises cassées… Il n'est pas le seul à être passé par là ! Que veulent-elles ? Une rançon ? Il n'a pas d'argent sur lui. D'ailleurs, elle fouille le sac à dos, y trouve un portefeuille, et le jette directement dans un brasier où brûlent quelques déchets, à côté de la grange. Ne cherchant même pas à savoir s'il était garni de dollars ou d'euros. Deux monnaies qui peuvent être utilisées très aisément dans le coin.

Les minutes passent autant que les coups pleuvent.

Détaché, le voilà encore jeté à terre après un nouveau passage à tabac. Elle lui pisse dessus, sous les applaudissements d'Africana. C'est la seconde partie d'une pisse commencée quelques secondes plus tôt dans un grand verre à moitié rempli d'une boisson énergisante. Un cocktail qu'elle veut le forcer à boire. Avec deux comprimés de viagra en prime. Mais il refuse d'ouvrir la bouche.

Elle le lève de terre, le regarde, pose un smack sur ses lèvres crispées. Pour le détendre. Tandis que sa complice le tient par-derrière, elle brandit son poing devant ses yeux… puis… dans le mile, lui assène un coup sec, un seul. Pile sur la mâchoire. Qui s'ouvre mécaniquement. Laissant couler un filet de sang mêlé à la bave. Une bouche enfin apte, malgré elle, à recevoir le viagra puis le liquide concocté avec délectation par ces geôlières de circonstance. Toutes deux à moitié écroulées de rire.

L'asseyant de force sur une vieille chaise en fer rouillé, elle se place derrière lui. S'accroupit pour être à peu près à bonne hauteur. Elle place son avant-bras sur son cou. Serre à peine, et le voilà tout rouge, essayant de retirer cette barre de fer humaine qui l'empêche de respirer. En vain. La co-équipière regarde et rit aux éclats.

— Je force pas, tu vois, sinon je te tue, mais je veux pas te tuer, j'ai besoin de toi, petite merde.

La copine s'approche. Toujours retenu par un puissant bras autour de son cou, il tente malgré cette tenaille de placer des coups avec ses mains. Il pense évidemment encore à s'enfuir, mais tous ses coups portés à l'Africaine sont soit arrêtés, soit n'atteignent pas la cible, soit lui font mal à la main lorsqu'elle décide de lui dire : « Vas-y, tape ! » Il a l'impression de cogner sur un mur.

L'Africaine recule. Se place en spectatrice à quelques mètres de là. Proche d'un mur tagué sur lequel grimpent quelques mauvaises herbes.

— Te casse pas la main, tu vas t'en servir pour te branler, mec. Ma copine, elle est aussi solide que moi, on a déjà combattu l'une contre l'autre, on est à égalité, d'ailleurs on s'est connues sur un combat clandestin, on aurait pu crever toutes les deux en refaisant un combat, mais on s'est dit que ce serait mieux de s'associer. En plus, elle a une maladie qui est rare. Elle ressent pas la douleur. C'est comme ça. C'est, comment on dit… génétique. Alors, t'arriveras à rien, petit minable de merde, filho da puta !

Doucement, elle retire son bras. Le voilà enfin libéré de cette emprise tatouée. Il n'arrive plus à déglutir. Sa glotte est compressée.

— Debout ! hurle-t-elle.

Las, résigné, apeuré, il s'exécute.

Elle fait le tour de la proie. Une fois, deux fois, trois fois. S'arrête. Lui met un coup de tête. Faisant pisser son nez de sang. Il hurle, tente mécaniquement une nouvelle fois de se battre, de se débattre, de lui rendre le coup de tête, qu'elle arrête de son coude. Tous ses coups sont soit portés à un roc, soit partent dans le vide.

— T'es le plus courageux de tous ces petits gringos de merde qui étaient ici avant toi. C'est bien, mais le courage va pas suffire ici.

Ses jambes ne le portent plus. Il s'affale de lui-même sur la chaise. Tremblant.

Elle jette un regard complice à sa co-équipière :

— Je vais fumer. Fais ce que tu veux. Amuse-toi en attendant le grand moment. Tu peux prendre ma place, Negrita. Moi j'ai juste envie d'un peu de marijuana maintenant.

— Ok, ma copine ! C'est parti pour le gode ceinture, alors !!

Elle sort. Regarde la route. Encore et encore. Fixement. Immobile. Elle semble vider sa tête de toute pensée.

Quelques longues minutes se sont écoulées.

De retour dans la grange, elle le trouve affalé sur la chaise. Il pleure. Elle n'a même pas daigné regarder la scène. Elle entendait des cris, des insultes, des claquements de mains sur la chair, quelques rires. C'est tout.

Elle se place à ses côtés. Autoritaire, lui souffle dans l'oreille :

— Branle-toi. Regarde ma copine, comme elle est belle, et branle-toi. Pense à ce qu'elle vient de te faire, à la supériorité de cette belle Africaine sur toi, et branle-toi.

Tandis que l'autre s'adonne à une danse africaine, sur une musique imaginaire, faisant remuer un imposant fessier au gré du rien ambiant, il refuse de s'exécuter.

— Tu veux pas ? Ok.

Il se prend un crachat en pleine face. Puis elle lui déchire son short en jean… puis son slip…

— Petite merde… tu veux pas te branler ? Je vais le faire pour toi alors.

Elle enfile plusieurs bagues à chacun de ses doigts… L'une d'elles est ornée de petits pics.

— Elle te donne pas envie mon amie ? Dommage pour toi, je vais faire ça à ta place, tu vas avoir mal…

***

Voir les enfants s'amuser, rire, se chamailler, humidifie ses yeux noirs effilés. Elle qui jamais n'enfantera.

Le coucher de soleil entre deux grandes tours fait briller ses très longs cheveux noirs dont l'extrémité caresse un fessier aussi rebondi que ferme. Et donne une teinte dorée à sa peau. Faisant ressortir le complexe tatouage noir qui va de son épaule gauche au bout de son majeur. Le doré et le noir se marient avec grâce.

Une vibration.

Un SMS.

Elle baisse les yeux vers l'écran :

« J'arrive »

Elle scrute.

Une Mercedes se gare. Pas le dernier modèle, mais une belle classe E anthracite aux vitres fumées du début de la décennie.

Un sexagénaire, cheveux grisonnants en bataille, bedonnant et de taille moyenne en sort. Polo Osklen noir, jean. Son chauffeur, légèrement plus grand, le suit. La trentaine, costume noir satiné, chemise ouverte. Regard panoramique.

Tous deux se dirigent vers elle.

Bref échange de sourires.

Son dos se décolle du mur, elle fait quelques pas et entre. Ils la suivent.

Elle se retourne brutalement, les regarde, souriante.

— Bienvenue, Messieurs.

La voix est rauque et grave. Le ton est rieur. Accueillant.

Gêné par sa stature, se sentant quelque peu dominé, le plus vieux préfère s'asseoir. Sans demander. Il ne choisit pas les chaises autour de la table mais le fauteuil en cuir Connolly. L'intérieur, certes exigu, tranche avec le quartier. Un salon-salle à manger, une petite cuisine ouverte. Et sûrement sa chambre à l'étage. Table en bois massif, frigo américain, large écran plat, chaises en cuir, cave à cigares, bouteilles de tequila, banc de développé-couché dernier cri avec une barre chargée à bloc… Une pointe de luxe dans les favelas.

Elle lui tend un long cigare ; une bague Te-Amo. Le coupe pour lui. Il le hume. La regarde. Elle prend le même. Lui tend un chalumeau argenté et allume le sien avec un doré.

— Alors señorita, finis les combats ? Il y a longtemps qu'on n'a plus l'occasion de parier sur toi !

À son tour, elle s'assoit, sur une chaise qu'elle tourne de manière à être face à lui. Le chauffeur, qui semble cacher un flingue sous sa veste, demeure debout. Au coin de la pièce. Discret. Prêt à intervenir.

La fumée des cigares crée un agréable nuage.

Tirant puis rejetant immédiatement une bouffée, elle regarde l'homme à son tour :

— Maintenant j'ai 27 ans, j'ai perdu un seul combat quand j'étais jeune, je revenais d'Afrique du Sud, un endroit où il faut aller pour commencer les combats clandestins… Et depuis que j'ai perdu ce combat, que j'ai failli crever face à ce gros mec, j'ai appris… Et j'en ai gagné combien depuis… trente ?

— Je ne tiens pas tes comptes.

— Avant, ça m'amusait, j'aimais tout ça. Maintenant, je veux passer à autre chose.

— Tu en as marre du sang ?

— Marre du sang, non, mais maintenant, ma cote est trop haute, vous pariez tous sur moi ; même si on amène le Russe qui bosse pour les Wagner, celui qui nous prend pour des merdes, tout le monde pariera sur moi ! Alors quoi, je vais risquer ma vie pour gagner si peu ? Hmmm, fini le combat, ça me rapporte plus assez. Il faudrait que je perde, que je me couche devant un vieux, un petit mec ou une femme pour faire baisser ma cote, et je veux pas rentrer dans ce jeu, je perds jamais moi, même pas je ferais semblant, plutôt crever dans un combat que le perdre.

— Ah… c'est la testostérone qui a fait monter ta cote ! Tu n'as plus la cote d'une femme aujourd'hui ! Tu es une des rares femmes du Brésil à avoir une cote qui dépasse celle des gars les plus forts. Tu étais quoi… deuxième ou troisième au dernier classement ? Alors que la première femme après toi était onzième…

— J'étais quatrième, je crois. Et alors ? Je peux pas arrêter la testostérone, je me sens bien comme ça. Déjà avec ma taille, comme toute femme très grande, j'ai naturellement beaucoup de testostérone, pratiquement autant qu'un mec, et j'aime en prendre encore en plus. C'est bon pour le sexe aussi. Et puis ma cote est montée encore plus depuis que le dernier mec dans le combat mixte est mort avec mon étranglement des jambes. Je voulais pas le tuer mais ça arrive des fois.

— Ça oui, c'est pas le premier ! Ni le dernier ! dit-il, narquois.

Elle acquiesce. Et, ironique :

— Dommage, il était mignon pourtant… mais… il est mort ! L'homme se ferme.

— Très bien… je ne suis pas venu pour engager un pari, de toute façon. Maintenant, tu n'as plus besoin des combats ! Tu contrôles ton quartier, dis-moi ! Tu t'es bien entourée aussi, tu as de bons gars qui te suivent et te protègent, ils ont tous peur de toi ! Et puis, tu as gagné de l'argent en Afrique ! Tu faisais quoi déjà ? Tu vendais du sperme, c'est bien ça ?

Comment peut-il être au courant ? Qui lit la presse de l'autre continent ici ? Passe-t-il son temps sur le Dark Web ? Si ce type le sait, c'est que sa mère pourrait le savoir. De quoi la tuer de chagrin. Cette époque doit rester enfouie là où elle est. Surtout maintenant… Maintenant qu'elle arrête les combats pour que sa mère ne s'inquiète plus à en crever…

Elle ne se démonte pas.

— Je renie pas ce que je suis. On a vendu du sperme à des sorciers, qui fabriquent des potions magiques. Et alors ? Y en a d'autres, ils vendent du rêve, et ils détruisent des familles, c'est mieux ?

— Tu te contentais de vendre du sperme ? Dis-moi… Tu te faisais pas plaisir, aussi ?

Maintenant qu'il sait, autant ne pas esquiver. Après tout, elle reste fière de ses excès du passé.

Elle pose le cigare sur un cendrier, doré lui aussi. Elle le fixe.

— Pour les mecs qui avaient une bonne queue, oui, on se faisait plaisir. Ma copine par devant et moi par derrière avec un gode ceinture. Ou alors on les allongeait et on les baisait à tour de rôle en les plaquant par terre. Le viagra, ça fait des miracles. On a dû violer des dizaines de types. Et alors ? Quand c'est un mec qui viole une femme, c'est normal, mais… nous on peut pas ? Ta loi à toi c'est la loi du plus riche, chez moi c'est la loi du plus fort. De toute façon, j'ai fait de la prison pour tout ça, maintenant je vois pas pourquoi toi tu veux parler de ça.

— Tu le sais très bien, dit-il doucement.

Elle se doute qu'il est prêt à parler. À tout divulguer.

Son cigare, qu'elle ne tire pas depuis quelques minutes, s'est quasiment éteint. Le cendrier scintille. Sublimé par les derniers rayons de soleil qui pénètrent par la porte extérieure restée grande ouverte. Faisant aussi entrer les rires des enfants qui ont cessé de jouer au foot et échangent les maillots. Elle jette un œil dehors. Elle se sent si bien. Chez elle. Dans son quartier.

Seules les expirations de fumée de l'homme viennent briser le silence. Dont le rictus du début s'est réinstallé.

Cherche-t-il à l'énerver ?

— Señor, c'est quoi le problème maintenant ? Ici le quartier est à moi, je cherche pas à déborder sur les autres quartiers, mais je dois tout contrôler ici parce que je suis là depuis gamine, depuis que des mecs comme toi ont détruit mon village en Amazonie et nous ont mis ici. Ils ont coupé les arbres, ils ont cassé nos maisons au bulldozer, ils ont même mis du ciment dans la rivière.

Les vieux qui voulaient pas partir sont crevés sur place. Alors tu vois, mon papa est mort. Le seul mec que je respecte, il est mort. Vous, les blancs de la ville, pleins de fric, vous l'avez tué. Il a été malade de venir ici. Il a tenu six mois. Pas plus. Aucun médecin s'est jamais occupé de lui. On s'en fout de nous, ici. J'avais vingt-deux ans, j'ai voulu aller à Johannesburg pour faire des combats, et j'ai fait autre chose, des trucs pas très bien, mais j'étais pas chez moi là-bas et je voulais gagner de l'argent, parce que les combats ça payait très mal. Ma maman habite ici, mes sœurs vivent juste derrière, je les défends depuis que je suis gamine, à sept ans j'avais la taille d'une adulte, j'ai commencé le fight très tôt, j'ai amené de l'argent à ma famille, j'ai fait des petits trafics, et maintenant, je veux contrôler tout ce qui se passe. Je veux pas monter un MS13, je veux pas vendre du sperme ou violer des mecs, je veux pas repartir dans tout ça, on a juste notre petit gang, ici, tranquille. On prend des commissions sur les petits trafics du quartier et c'est tout, on protège même les vieux. Moi, je cherche pas d'histoires, OK ?

Il ne répond pas, restant figé sur le rictus. Assis confortablement.

Elle se lève. Effrontée, lui tend son bras. Il la regarde fixement. Fier. Moqueur peut-être. Lui envoie délicatement la fumée de son cigare à la figure. Elle voit dans son œil le contentement du promoteur pourri. Quel âge avait-il il y a vingt ans, quand le village a été rasé ? Une quarantaine d'années…

Il baisse enfin les yeux vers un bras qu'elle lui tend toujours.

— Ah ton tatouage ! Un classique. C'est le plan de ton quartier, c'est ça ? Le quartier où vous avez été logés quand tu étais cette vilaine gamine… Et d'ailleurs, montre-moi où nous nous situons sur ton bras.

Elle sourit. Et si elle lui brandissait son majeur en l'approchant de son nez ?

Elle se ravise.

— J'habite là, tu vois, LÀ.

Elle lui montre la veine au-dessus de sa paume de main. Sous le tatouage de son bidonville, peint en rouge et mesurant à peine 2 centimètres, la veine bouge de manière rythmée par l'afflux de sang. Un palpitant de sportive se devine. Qui néanmoins s'accélère de plus en plus. Le tatouage rouge monte et descend, de plus en plus vite, faisant penser à la lave d'un volcan avant que ce dernier ne fasse irruption.

Deux hommes crient, dehors. Quelques injures. Et ça se calme. Elle jette un œil. Qui revient rapidement dans cette ambiance tendue.

Il pose son doigt sans appuyer sur l'icône du bidonville, tandis que le chauffeur, derrière, gesticule.

— Là… dit-il.

— Oui, señor. Là !

Elle finit par retirer délicatement son bras. Un sourire sur ses larges lèvres légèrement charnues, portant un noir à lèvres. Un classique pour les femmes cheffes de gang. Son regard devient fier, presque hautain.

Enfin, il se lève.

Se met à déambuler lentement autour de la table.

— Écoute, si je suis… LÀ… chez TOI… ce n'est pas pour un combat, ni pour ton quartier, je ne suis pas dans ces affaires-là, tu le sais. Je suis dans la construction ! Je donne des logements aux Brésiliens ! Je construis ! Je bâtis ! C'est du business propre, même si j'aime bien parier sur toi… J'ai gagné beaucoup d'argent grâce à toi, même si au départ je ne croyais pas que tu pouvais réussir comme ça dans le combat clandestin… Surtout le mixte ! Parce que tu es une femme ! Mais… les femmes sont fortes chez nous… Les Latinas ! Chaudes, sexy et fortes ! Volcaniques ! Des mères extraordinaires aussi ! Même les Américains veulent les épouser ! D'ailleurs, tu n'as pas trouvé un riche Américain quand tu vas faire la fête à Miami avec tes copines ?

Elle reste debout. Bouche cousue. Ses yeux attendent la suite.

Dehors, à quelques mètres, les cris des enfants jouant au foot ont laissé la place à des rigolades d'adultes et à de la samba.

— Je te propose une mission.

— OK, señor, j'écoute !

— Un de mes clients ne me paye pas, alors tu vois, j'ai essayé de négocier mais il fait la tête dure, et moi j'aime pas les têtes dures. Je lui ai dit plusieurs fois que c'était dans son intérêt de me payer, mais il dit qu'il n'a pas d'argent.

— Il paye pas son loyer, c'est ça ?

— Ce ne sont pas tes affaires.

Elle bout. Ne supporte pas qu'on lui parle ainsi.

— Maintenant, tu veux quoi de moi ?

— Je veux qu'il souffre, et qu'il en crève ! C'est clair ça ?

La voix se corse ; le visage s'endurcit.

— Hmmm… très clair. Ça c'est ce que TOI tu veux. Alors si ça me convient, je te dis OK. Si ça me convient pas, je ferai pas.

L'homme est impassible.

— Tu attends quoi ? Je le viole ? Je le torture ? Je te donne son sperme et tu le vends à un sorcier ?

Narquoise. Fermant encore plus le visage de son visiteur.

Il regarde le chauffeur. Un geste de la tête.

L'homme en costume s'approche de lui. Tend une enveloppe sortie de la poche extérieure droite de sa veste.

Le vieux saisit l'enveloppe et à son tour la tend à l'immense brune qui se tient devant lui. Posant alors ses yeux sur ses interminables jambes assez droites, soutenues par des chevilles plutôt fortes, mais dont la musculature ne saute pas aux yeux. De longues jambes pouvant presque être celles d'une top model. Les jambes de la mort. C'est ainsi qu'on les appelle dans le quartier depuis son dernier combat.

Avant d'ouvrir l'enveloppe, elle le regarde droit dans les yeux.

— Pour une mission comme ça, mes tarifs ont monté. C'est sept bitcoins. Je prends seulement bitcoins, OK ?

— Ouvre, assène-t-il.

Elle ouvre délicatement. En sort la photo d'un enfant. Une petite brune, cheveux raides, rabattus à l'avant, métissée indienne, un beau sourire, les deux dents de devant manquantes. Six ans, peut-être sept.

L'homme devient autoritaire :

— C'est sa fille. Son seul enfant. Tu dois t'en occuper. Tu auras neuf bitcoins. Et mon silence.

Elle regarde la photo. Ses yeux ne décollent pas.

Elle la pose sur le comptoir du bar qui délimite la cuisine du séjour. Se sert un verre de tequila. L'avale cul sec. N'en propose pas.

Elle s'est détendue.

Se dirige doucement vers le chauffeur.

Se met face à lui. Une bonne tête de plus.

Elle lui sourit.

Un long silence.

Il pose un regard dans son décolleté noir. Un bonnet C, peut-être D. Probablement D, d'ailleurs. On en devine les tétons. Il a envie de les toucher. Ça le démange. Les épaules dénudées ne sont pas très larges, elles restent féminines. Solides mais féminines.

À la fois apaisé et gêné, il continue de mater.

Que lui veut-elle ?

Elle focalise son attention sur lui. Brun, crâne quasi rasé, trente ans environ, pas loin d'un mètre quatre-vingts, très large d'épaules. On en devine la musculature.

Cet homme sent la sueur. Dans son costume, il transpire, c'est évident. Cette odeur lui rappelle les combats sans arbitres… la sciure, les hangars ou les dojos désaffectés, les paris, le sang, la mort qui rôde, le handicap qui guette… Une odeur qui la charge d'une énergie presque magnétique… Les images défilent : les coups de tête, de pied, de coude, les étranglements, les doigts enfoncés dans les yeux jusqu'à en faire sortir du sang, les morsures au visage, aux oreilles dont des bouts voltigent, les corps qui tombent, les bouches qui bavent, les tremblements des membres, les contusions, les nez cassés, les dents qui giclent des mâchoires, la liesse de la foule autour… L'adrénaline.

Elle esquisse enfin un sourire.

Les deux paires d'yeux se noient l'une dans l'autre.

En une fraction de seconde, moins d'une seconde c'est sûr, dans une totale maîtrise du geste… un geste qu'elle a déjà dû accomplir maintes fois pour qu'il soit aussi inné… elle fait passer son infini bras gauche derrière la tête de l'homme, et l'avant-bras derrière son épaule, lui pliant simultanément le dos d'un mouvement sec, brutal, précis, avec l'ensemble de son corps qu'elle projette vers l'arrière, puis serre à lui couper immédiatement le souffle. Son bras tatoué devient comme un anaconda qui, en un éclair, a enroulé sa proie. Avec son coude opposé, elle vise, et assène un coup violent, rapide, appuyé au milieu du dos d'abord… puis immédiatement, un autre encore plus appuyé sur la cervicale. La Rolex en or rose se détachant de son poignet. Un hurlement. Masculin. Elle, placide. Méticuleuse. L'homme tente de bouger mais tout mouvement lui provoque une telle douleur qu'il y renonce immédiatement. Il ne peut attraper son arme. Son bras ne répond plus. Il suffoque. C'est elle qui, avec son bras libre, le même qui vient de jouer du coude, saisit l'arme dissimulée sous une veste qui vient de se crisper comme le visage du patron. Qui lui s'est affolé ; criant, fronçant les sourcils, prenant son téléphone, et appelant…

Elle tire.

Trois coups de feu sporadiques. Les armes à feu n'ont jamais été sa spécialité. Le couteau, oui. Le sabre, un peu.

Le vieux tombe.

Elle serre fort, très fort, à en avoir des reflets rouges sur le visage. Finissant d'étrangler le chauffeur qui tente encore de se débattre. Dans un dernier sursaut d'espoir, hurlant à la mort, le molosse tente de la soulever, mais elle reste solidement ancrée à terre, serrant de plus belle et mettant tout son poids, qui est très loin d'une catégorie plume, sur la nuque de l'homme. Uniquement sur la nuque. Ce qui le paralyse. Encore plus. Il éructe des sons de plus en plus inaudibles. Prend des respirations qui n'en sont plus. Des craquements secs sont perceptibles. Et il finit par tomber lui aussi. Ne respirant plus.

Elle tire encore dans le corps inanimé du patron gisant au sol. Au cas où… Jette le flingue. Et saute à pieds joints sur la tête du chauffeur qui a probablement déjà quitté ce monde. Là aussi, au cas où. Il ne gémit plus. Depuis déjà de longues secondes.

La vie s'est arrêtée. La samba aussi.

Un attroupement devant sa porte ; ça discute ; ça photographie.

Une femme brune assez charpentée, de taille moyenne, typée indienne arrive. Pousse la foule.

Voit le spectacle. Lève les yeux vers ceux de la grande brune. Pleure.

— Ma fille ! hurle-t-elle.

— On demande pas à une femme de tuer une gamine ! Même pas un gamin, mais une gamine, enculé de sa race, filho da puta !

Un crachat tombe sur le corps du promoteur, dont le sang se répand au sol.

Un homme arrive. Balafré. Affolé. Il lui donne une brève accolade :

— La police ne viendra pas tout de suite. Et quand ils viendront, ils apprendront qu'il y a eu un règlement de comptes, que j'ai tiré. Tu as le temps de quitter le pays pour te mettre en sécurité, pars !

Bruxelles, 26 novembre 2019, 19 heures

Durant tout son récit, agrémenté de quelques photos, elle n'a montré que de l'ironie, au mieux de l'indifférence. Parfois, elle avait même envie de se tordre de rire. Surtout en racontant l'étranglement du chauffeur. Elle a mimé la scène ; moi à la place du chauffeur. Sans forcer, en étant très délicate, je sentais une sorte d'oppression et presque une paralysie à chacun de ses gestes… Une drôle d'impression, celle de pouvoir crever à tout instant sans aucune possibilité d'agir si elle le désirait.

Mais la fin de son histoire l'a bouleversée. Son départ forcé. Son éloignement de sa famille. J'ai vu ses yeux s'humidifier. D'ailleurs, ils le sont encore.

Je vais oser… approcher ma main de son visage… Le caresser tendrement… Elle regarde la main du coin de l'œil… méfiante… se laisse faire. Ne bouge pas. Je baisse ma main et prends la sienne, après avoir frôlé d'épais poignets… Elle se laisse toujours faire.

Puis se lève.

Retire de ma main ses longs doigts prolongés par de faux ongles noirs aux extrémités aiguisées.

Tout semble être une arme pour elle. La moindre parcelle de son corps, aussi bien que la cuillère qui traîne sur le plan de travail de sa cuisine ouverte, pourtant méticuleusement rangée.

Elle jette ses yeux sur moi :

— La dernière fois qu'un homme a voulu me prendre la main, il a eu deux doigts cassés ! C'est moi qui décide quand je dois prendre la main à un homme… ou si je dois m'occuper de sa bite. Pas lui. OK ? Maintenant, debout.

Pas d'autre choix que celui d'obéir.

Elle se courbe. Pose délicatement ses lèvres sur les miennes. Adoucie. Le baiser d'une tueuse à gages, d'une violeuse, d'une femme qui a tué à mains nues un molosse de garde du corps : ce n'est pas courant.

— On s'arrête là ?

Que répondre ? Je ne sais pas quoi dire… quoi faire… Désir et peur s'entremêlent. Et se soumettre, non… C'est plus fort que moi… Je ne peux pas… Et pourtant ne veux pas finir comme ce pauvre touriste… Malgré mon désir. Un désir qui m'enflamme de l'intérieur.

Les mots ne sortent pas de ma bouche.

Elle parle pour moi :

— Si je t'embrasse vraiment, c'est un symbole beaucoup plus fort qu'un rapport sexuel pour moi. Ça voudra dire que tu es à moi aussi longtemps que je le déciderai et que tu feras ce que je décide quand je décide. Venir me voir à minuit, cacher des armes chez toi, ou autre chose, OK ? Mais avec tout ça, je te donnerai ma protection.

Quel étrange discours !

Je ne sais que dire. Ne rien dire est le mieux. Et ne pas tenter le french kiss. À ce stade du moins. Même si je la sens prête à cela. Du coup, c'est moi qui ne suis pas prêt. Être à elle… Être son pantin… Avec une femme de ce calibre, cela ne doit pas être anodin. Alors quoi ? Un simple rapport, purement animal, sans même s'embrasser ? Je ne me sens pas prêt non plus. Pas là, pas maintenant.

Les silences qui ornent ma gêne suffisent à le lui faire comprendre. À elle, si intuitive.

Elle continue :

— Petit, je sais que tu écris, un jour peut-être tu raconteras mon histoire, je serai fière de ça, mais change des choses, invente un peu, change des noms, des lieux si tu veux pas de problèmes, OK ? Maintenant, je vais te demander de partir, on reste en contact, OK ?

Je lève les yeux. Elle comprend. Ça l'amuse.

Elle me raccompagne très poliment. Et referme la porte délicatement après mon passage.

Au chat et à la souris

Par Tancrède Culot-Blitek

Cette nouvelle est une transposition hexagonale d'un fait divers survenu aux États-Unis. Une escorte s'est battue à mort face à un client qui avait pour habitude de tuer les femmes avec qui il avait des rapports sexuels. L'escorte qui a tué un serial killer a été vue comme une héroïne.

Man Killed By Escort Had A List Of Other Women | HuffPost Videos

— *Mademoiselle, vous venez à la barre, s'il vous plaît ?*

Elle cligne des yeux. Pas comme quand on est ébloui, ou qu'on se réveille, non : plutôt comme quand on veut forcer ses yeux à regarder au bon endroit, eux qui sont avides de tout admirer alentour, comme maintenant.

Comment leur en vouloir ? Excepté dans les séries télé, on n'a jamais, ou quasiment, l'occasion de voir une salle des Assises en vrai, dans une vie. Et c'est justement parce que ça ressemble exactement à ce qu'on voit dans les séries qu'elle doit se forcer à ne pas regarder partout. Il y a du bois, un très haut plafond, des avocats en robe, des magistrats haut perchés qui foutent la trouille, des gens qui semblent ne pas respirer, comme à un enterrement, des jurés… un box des accusés.

— *Vous vous appelez donc Lucie Navelli, nom de… – comment pourrait-on dire, de « scène » ? De « travail », peut-être ? … Maître ?*

C'est drôle, son avocate cligne des yeux elle aussi. Mais plus comme si elle se réveillait, parce qu'évidemment, tout ce qui l'entoure ne semble plus avoir le don de l'émouvoir. Elle opine du chef à la place de sa cliente, hausse les épaules, sans la regarder, répond :

— *« D'emprunt », j'imagine…*

— *Nom « d'emprunt » : Lucia N, on dira comme ça ; c'est ok pour vous ?*

Il la regarde par-dessus ses lunettes à grosse monture, et enfin c'est à elle de parler. Elle l'a attendu pendant plusieurs jours déjà, ce moment où le premier son sortirait de sa gorge, devant tout le monde, l'imaginant rauque, étouffé, en rééducation. Mais c'est une phrase cristalline qui s'en échappe, un air de flûte qui s'élève dans la haute salle, et tout le monde, à son tour, cligne des yeux comme pour se réveiller et se concentrer à la fois :

– *Ça ira parfaitement, Monsieur le Président.*

Trois ans plus tôt…

— Mademoiselle, vous venez au guichet, s'il vous plaît ?

Lucia cligna des yeux.

— Oui, pardon…

Elle posa sa carte d'identité ainsi que sa carte de transport sur le desk, juste dans l'ouverture que perçait la vitre la séparant du type tout gris et tout fade en face d'elle. Il mit un moment à examiner les documents, un moment suspendu qu'il passa à fixer Lucia, devenant au fil de ce moment un peu moins gris, et un peu moins fade, comme si le soleil qu'elle était elle chassait l'ombre de sa tête à lui.

— Euh… Vous venez pour… ?

— La gratuité des transports. Allocataire du RSA.

Il cligna des yeux à son tour – c'est ce que faisaient presque tous ceux qui quittaient Lucia des yeux, comme on le fait après avoir jeté malgré les recommandations un œil à une éclipse en cours, pour réhabituer sa vision à la lumière normale.

— Vous êtes déjà venue ?

— Oui.

— Ok ; un moment.

Le type gris et fade pianota quelque peu sur son clavier, cliqua de sa souris, prit la carte de Lucia, la passa devant un genre de lecteur, et la lui rendit avec, comble du surprenant, ce qui pouvait passer pour une espèce de sourire :

— Voilà, c'est bon pour six mois.

— Merci, belle journée à vous.

— Pareil.

Lucia rangea ses affaires et passa les portes automatiques du hall pour jaillir dans la grisaille matinale comme les UV à travers les nuages, devant la gare routière, ne laissant derrière elle que l'écho de ses talons hauts et le dessin gauche d'un sourire sur un visage triste comme la pluie.

— J'te connais toi, non ?

Elle leva les yeux de son smartphone vers le type, adossé contre le mur du bâtiment, une jambe repliée pour prendre appui avec son talon, qui roulait une cigarette et venait de l'interpeller. Il était grand, métisse, affublé de dreadlocks groupées en chignon et d'une doudoune JOTT kaki ; Lucia croyait l'avoir aperçu dans la queue devant elle à l'instant ; un pauvre, donc.

— Si c'était le cas, ça justifierait qu'on se tutoie ; mais non.

Elle qui, figure exacte de la poupée de porcelaine géante, se distinguait partout et tout le temps par ce visage qui jamais ne se corrompait, ne put retenir un haussement de sourcils dédaigneux lorsqu'elle l'entendit la tchiper. D'un long bruit de succion appuyé, qui voulait dire un truc du genre « cause toujours ». Antillais, sûrement. Consciente d'embrasser un cliché, elle se demanda si c'était bien une cigarette qu'il roulait.

— Je t'ai vue sur un site.

Lucia réprima un soupir et regarda l'écran de son portable pour signifier que son temps était précieux.

— Hum hum. Et puis ça suffit pour que tu me connaisses, apparemment.

— Tu vois de quel site j'veux parler, nan ? continua-t-il sans trébucher sur les écueils rhétoriques que ses ailes soyeuses d'illettrisme lui permettaient de survoler. J't'ai envoyé un message. T'as pas répondu.

Lucia était escort girl. Indépendante, payée exclusivement en liquide – d'où le RSA et les transports en commun gratuits. Référencée sur des sites qui proposaient ses services, et où elle pouvait choisir de donner suite ou non aux profils qui la contactaient. Mais surtout, elle était sublime, avec son teint de nacre, ses grands yeux verts encadrés par ses cheveux rouges flamboyants et ses joues très légèrement rosées qui lui conféraient cet air candide à se couper un avant-bras pour le lui offrir sur un plateau. Elle était donc habituée aux interactions sociales lourdingues avec des cas sociaux, et savait que ce gars ne savait pas qu'elle savait qu'elle ne lui avait pas répondu. Elle lâcha donc juste :

— Ah bon, okay.

Une légère vibration lui évita d'ajouter autre chose pour sortir de ce énième moment gênant, et ramena son attention sur le smartphone. Elle sourit, franchement, et l'Antillais dut enlever son pied du mur pour ne pas tomber à la renverse.

— Bonne journée, lui lâcha-t-elle en s'éloignant.

— Ok…

Il mit quelques instants avant de lancer, dans le vent, criant un peu pour qu'elle l'entende en partant :

— J'te renverrai peut-être un message, on sait pas !

Et là, libérée pour un court temps de son rôle d'idole intouchable par la notification qu'elle avait reçue, la poupée de porcelaine tourna la tête et lui envoya un clin d'œil avant de traverser la route et de se fondre dans le tout-venant sur le pont de la gare. Il aurait pu se couper l'avant-bras, là tout de suite, mais se contenta de cligner des yeux.

***

S'il y a bien un consensus, c'est sur le fait qu'il n'existe pas de consensus sur ce qu'est un « chez-soi ». On pourrait dire que c'est l'endroit qui est « à soi », qui appartient, qu'on a acquis… Que c'est là où l'on se sent à l'aise, où l'on dort paisiblement ; que c'est là où l'on a grandi et où l'on a des souvenirs…

Que c'est là où l'on travaille, où l'on fait chaque geste, chaque chose, avec un naturel détaché, où l'on a l'impression d'exercer un contrôle total sur le moindre élément de son environnement. Comme pour Lucia et Arthur.

Pour elle, c'était les restaurants chics. Ceux du premier rendez-vous avec un client. Quand il avait cru naïvement, des jours durant en amont, à son statut de prédateur, de consommateur qui payait pour s'offrir un mets raffiné qu'il emmènerait ensuite dans son antre pour s'en délecter à sa guise. Au lieu de cela, il mettait invariablement les pieds chez elle, au milieu des couverts préchauffés et des aliments dont l'ombre portée par la lumière tamisée prenait à peine un quart de l'assiette. Là où tout la transcendait *elle*, de la musique en fond à la déférence teintée d'étonnement du sommelier lorsqu'elle demandait un vin qui dénotait une profonde connaissance de son sujet, là où, à la mimique près, au geste précis, elle dictait sa loi. Une loi insoupçonnée et insoupçonnable.

— Et donc, euh… Vous venez souvent ici ?

Arthur était gêné, comme prévu, mal à l'aise, tentant de conserver l'illusion de mener la danse en faisant la conversation. Et elle le laisserait faire : il était l'acheteur, et elle le produit.

— Quelques fois, oui, fit-elle en reposant son verre d'eau plate et en croisant les jambes pour se placer de trois quarts. Vous n'aimez pas ?

— Ah si ! Si, si…

Comme elle sentait que c'était le moment, elle sourit timidement, laissant entrevoir ses dents blanches derrière la barrière de son rouge à lèvres puissant. Dans cette position, elle savait que l'éclairage mettait des reflets de feu dans ses cheveux ardents, sa poitrine en valeur, contrastant les rebords tout juste apparents de son soutien-gorge en dentelle sur sa peau pâle. Il déglutit : très bien.

— Vous ne buvez pas de vin ?

— … Vous non plus, saisit-il au passage comme enfin une occasion de reprendre la main dans le dialogue.

Très bien.

Elle baissa la tête pour cacher un rire d'enfant pris sur le fait.

— Ne vous cachez pas ; vous avez un si beau sourire…

— Ooooh !

Elle mit une main sous son cou, comme pour montrer qu'elle était touchée par ce compliment nullissime ; son vernis à ongles trouvait écho dans la couleur de ses lèvres, de cette couleur de pomme d'amour sur un marché de Noël.

— Arthur, vous êtes gentil…

Il sourit à son tour, comme s'il se détendait enfin. D'un sourire qui n'avait presque plus rien de gêné, bien au contraire. Puis il prit son verre de vin, satisfait, et le porta à ses lèvres.

Très bien.

***

On peut avoir plusieurs chez-soi. Tout l'intérêt de ce que faisait Lucia, c'était de passer d'un environnement familier à un autre, d'un royaume avec ses codes où elle était la reine à un duché avec ses règles où elle était la duchesse, sans jamais permettre à l'autre de traverser un morceau de confort qui lui redonnerait l'ascendant. Un peu comme un tigre qui traquerait un singe par la savane, puis sous le couvert des arbres, et enfin au bord du point d'eau ; partout, le singe se croirait chez lui, mais partout le tigre saurait que c'est faux.

« Une hyène, plutôt qu'un tigre… »

— Vous rêvassez, Lucia ?

Elle cligna des yeux, et revint à la chambre d'hôtel, et à Arthur qui, lueur dans l'œil causée par l'alcool et l'imminence de la conclusion attendue, se permettait davantage. Elle sourit, si peu, mais suffisamment pour qu'il le devine dans la pénombre. Elle aussi éprouvait une sorte de soulagement ; un relâchement, quand tout son travail des jours précédents aboutissait enfin. Bizarrement, cela lui faisait toujours cet effet juste *avant* la conclusion. Après, c'était la frustration qui prenait le pas, invariablement. Jusqu'à la prochaine fois.

Son portable, qu'elle avait posé sur la table de chevet près du grand lit de deux mètres par deux, vibra. Même si c'était anodin, cela s'imposa comme le seul élément tangible dans le silence calculé qu'il y avait entre eux à cet instant. Cela flotta à la limite de leur conscience, pas suffisant pour être relevé, mais qui détonait avec la perfection du piège. Cela la contrariait : c'était une erreur, le mode silencieux aurait dû être activé.

Arthur venait de poser sa veste sur le lit, déployant son grand corps, un peu gras et peu flatteur, de quinquagénaire dans la pièce trop luxueuse pour lui. Ses bras ressemblaient à des tentacules lorsqu'il s'approcha d'elle, et Lucia se mit, sans le vouloir, à chercher ce qui se nourrissait de pieuvres, dans le règne animal.

« Un requin ? Je suis plus un requin qu'une hyène alors ; et lui c'est une pieuvre, pas un singe… »

Deuxième vibration. Et, comme la première fois, l'écran du smartphone s'alluma pour afficher la notification. Dans la semi-pénombre de l'instant, impossible encore de totalement en faire abstraction. C'était une seconde erreur : ne pas avoir posé l'appareil face contre le meuble.

Elle baissa la tête, mutine et faussement intimidée. Une seconde trop tard : son timing était enrayé. Arthur, qui allait certainement enfin la toucher, tout à son laisser-aller, s'immobilisa. Le moment parfait ne l'était plus, l'alchimie ne prenait plus.

— Et… maintenant ? fit-il.

« Et maintenant, *surtout*, tu fermes ta gueule, gros crétin… »

Elle releva le menton, planta ses yeux en amandes dans les siens et murmura :

— Que voudriez-vous faire maintenant, Arthur ?

« Pas mal. Ça fera l'affaire. »

Il allait s'approcher à nouveau, reprendre le fil de la traque… et puis le téléphone vibra, encore, et la lumière de l'écran baigna l'arrière-plan, encore. Il tourna la tête, instinctivement, et Lucia, cette fois, ne put empêcher ses mâchoires de se serrer.

— Décidément, t'es très demandée…

Il allait s'approcher de la table de chevet, jeter un œil sur le téléphone. Il ne fallait pas qu'il s'approche.

Tant pis : elle le retint par le bras, faisant fi de tous ses plans, l'attira vers elle, charmeuse au possible. Mais la brutalité de son geste et son soudain embrasement sonnaient faux, et le scénario tout entier se consuma.

— Vous me demandiez ce qui allait se passer maintenant, Arthur… tenta-t-elle, le souffle faussement court.

Trop tard. Il avait le regard éteint, froid même, et se dégagea.

— C'est qui, Étienne ?

Étienne, c'était le nom qui apparaissait sur les trois notifications en attente qu'il avait eu le temps d'apercevoir sur l'écran avant qu'il ne s'éteigne de nouveau. Sa voix aussi était froide. Glacée même, et tout avait échappé, d'un coup, à Lucia.

— Peu importe : un client…

— … Et pourquoi il vous écrit : « Je suis en bas » ?

Lucia n'était pas un tigre, ni un requin, ailleurs que dans ses fantasmes. Les tigres et les requins ne frappent pas par surprise, ils ne rusent pas ; on les voit venir.

Arthur ne dut son salut qu'à la pénombre qui rendit l'éclat de la lame visible comme un petit éclair dans la nuit : il leva le bras, et l'arme entailla la chair dix centimètres après le poignet au lieu de se planter dans son cou.

— Putain de garce !!

— Qui dit encore « garce » aujourd'hui, hein ? se moqua-t-elle.

Le scénario avait été remanié en une poignée de secondes, et son autrice se parait à merveille de ses nouveaux atours de furie psychopathe ; mince fantôme au sourire carnassier, elle se jeta, à peine devinable dans l'ombre, sur lui.

Il sentit son torse se perforer juste sous la clavicule, et l'enlaça par réflexe en criant comme un porc lorsqu'ils tombèrent à la renverse sous l'impact. Les lois de la physique lui étant, à lui, bien plus favorables, il se retrouva sur elle, tous deux allongés sur le lit. Ses mains de gorille trouvèrent instinctivement sa gorge de gazelle.

— C'est pas comme ça que je fais d'habitude, mais bon… lui susurra-t-il d'une voix rauque, tout près du visage.

Lucia ne tiendrait pas longtemps, elle le savait : il était bien trop lourd, trop fort, et apparemment bien déterminé à en finir, et aucun de ses scénarii n'avait prévu cette situation.

— Lucia ?! … Vous êtes là ??

Et, comme souvent dans la vie, ce ne fut qu'une affaire d'opportunité. L'histoire d'une seconde, entre une version de la fin et une autre. L'histoire de dix ans, à pratiquer les arts martiaux mixtes, depuis sa sortie, à peine majeure, de l'orphelinat.

Attiré par la voix qui appelait Lucia quelque part à l'entrée de la chambre, Arthur avait tourné la tête, desserré d'un newton à peine son étreinte, et elle avait, dans cet intervalle, repoussé ses hanches grasses avec ses mains immaculées, dégagé son genou « en crevette » – jargon MMA – repoussé son gros ventre de son tibia fin et saillant, et fait lâcher sa prise en poussant son coude de bas en haut, puis saisi le couteau en tâtonnant sur les draps pour le plonger jusqu'à la mitre dans sa carotide droite. Immédiatement ou presque, ses sens s'étaient mélangés : l'ouïe, qui percevait son gargouillis bouillonnant ; la vue, des tremblements de la fin qui agitaient son immense carcasse ; le toucher, du liquide poisseux et chaud qui se déversait sur elle…

La lumière jaillit dans la pièce, brouillant ce mélange au dosage parfait. Éblouie, elle dut plisser les yeux tout en tentant de se dégager du poids mort de plus de cent kilos qui gisait à présent sur sa poitrine.

— Oh mon d…

Étienne, puisque c'était son prénom, se tenait dans l'encadrement de la porte, hagard devant ce qu'il avait sous les yeux, lui qui devait en théorie s'attendre à tout autre chose.

« En théorie ». Oui, car Étienne, puisque c'était son prénom, tenait un flingue dans les mains. « Putain… »

Elle le regarda, poupée experte en ju-jitsu brésilien souillée, maculée du rouge sombre de litres d'hémoglobine, cadavre dans les bras. Il la regarda, étrangement pâle pour un supposé Antillais. Ses dreads étaient solidement nouées en chignon, dans une coiffure… « fonctionnelle ». Il tenait son arme non pas nonchalamment, comme un dealer qui a vu trop de séries sur Netflix, mais à deux mains, pointée vers le sol devant lui. Comme un pro.

— Le… Le réceptionniste m'a dit de monter, je…

Elle écarquilla les yeux, secoua brièvement la tête comme pour reprendre ses esprits, et se racla la gorge. Surréaliste.

— Intervention, agression. Je répète : intervention ; blessure grave à l'arme blanche.

Lucia resta là, attendant tandis que le sang sur elle, déjà froid, coagulait et commençait à former une croûte sèche qui la démangeait horriblement. Elle attendait car ce n'était pas à elle qu'il s'adressait, parlant en direction du col de sa veste comme dans un micro.

Puis ce fut son tour, et lorsqu'il revint sur elle, son ton avait changé ; le gars qui roulait devant la gare, le client potentiel qu'elle croyait avoir ferré, avait disparu. Son ton était comme sa façon de tenir son gun : pro.

— Au moins, il n'a pas eu le temps de vous blesser, j'ai l'impression… Ça finit bien.

Elle ne savait pas quoi dire, ne *voulait* rien dire pour le moment, mais il fallait bien interagir, jouer le truc à l'arrache. Elle inspira fort, tremblotant lorsque l'air gonfla sa poitrine.

Derrière lui, d'autres arrivaient en cavalant. Avec des brassards rouges, et des armes aussi.

— Capitaine ? l'appela une fille d'une trentaine d'années en surgissant dans la chambre. Ooooh, putaiiiin…

— Occupez-vous de mademoiselle, ordonna le dreadeux à ses collègues qui envahissaient les lieux comme des fourmis.

Lucia déglutit.

— Capitaine ? demanda-t-elle en s'efforçant de prendre la voix la plus claire et blanche possible.

— Appelez-moi Étienne.

« Bah oui, puisque c'est ton prénom, connard. »

***

— *Monsieur le greffier, on peut apporter un mouchoir à mademoiselle Navelli, peut-être ?*

Ce dernier cligna des yeux, et dut se résoudre, dans l'ordre, à quitter du regard la poupée larmoyante qui achevait son témoignage à la barre, puis à renoncer à comprendre pourquoi c'était à lui que l'on adressait ce genre de requête, et enfin à interpeller un policier dans le tribunal pour reporter sur lui ladite requête.

Après un moment horriblement long, durant lequel le policier fit le tour de ses collègues, chuchotant horriblement fort à l'un et à l'autre dans la grande salle qui résonnait, puis l'un des spectateurs du procès se proposa en se levant d'une chaise qui grinçait horriblement, et enfin le policier apporta le mouchoir à Lucia en trottinant d'une manière terriblement gênante pour ne pas perdre encore plus de temps, Lucia remercia et essuya le mascara qui coulait sur ses joues qui, elles, étaient tout sauf horribles. Quelque part dans l'assemblée, déjà passé à la barre la veille, un officier de police sourit de tant de contraste en ajustant de ses doigts le tabac en vrac qu'il voulait faire rentrer dans une feuille à rouler un peu trop froissée.

Le président se racla la gorge :

— Merci de votre témoignage, Mademoiselle ; vous pouvez aller vous rasseoir.

Ce qu'elle fit.

✻✻✻

— Vous avez du feu ?

Il leva la tête vers le type qui lui parlait. C'était le greffier. Il se demanda pourquoi cela le surprenait – après tout, le verdict venait d'être rendu, et tout le monde, y compris la horde de journalistes qui piaffaient d'impatience, était massé là. Et ce gars, comme beaucoup de gens, fumait et cherchait à allumer sa clope. Il eut envie de lui dire non, mais le fait qu'il fût en train de finir de s'en rouler une aurait permis de deviner qu'il mentait, et puis ça ne coûtait pas grand-chose…

— Yes.

Il tendit le briquet, mais l'autre mit sa cigarette dans son bec et avança la tête en la protégeant du vent avec ses doigts. Voilà pourquoi il détestait ces gens. Il actionna la molette en réprimant un soupir et alluma la clope. L'autre inspira, exhala sa bouffée avant seulement de lâcher un « merci ».

Cela aurait pu s'arrêter là, mais non.

— Sacré procès, hein.

À son tour, il finit de lécher les bords de sa feuille avant de répondre, laconique :

— C'est sûr.

— Vous savez, j'ai bugué quand vous êtes arrivé à la barre : sur les photos du dossier, vous avez encore les cheveux longs, c'est pour ça…

— Ah.

Et là, elle sortit du palais. Proie larmoyante dans un piège de procédures quelques heures plus tôt, elle était à présent requin face au banc de poissons frétillants. Un tigre, et des dizaines de singes.

Les policiers l'escortaient, les journalistes s'affairaient, les flashes crépitaient. Elle fit plusieurs pas dans la direction du cirque, comme tout tigre qui se respecte, puis se ravisa, obligeant son escorte à suivre lorsqu'elle fit demi-tour et marcha vers Étienne.

— Je vous connais, non ?

Elle ne souriait pas vraiment, et ses lunettes de soleil qui devaient cacher ses yeux gonflés par les larmes jouaient leur rôle à merveille, mais il lâcha un soupir amusé. Comme devant la gare des années plus tôt, il retira son pied qui l'appuyait contre le mur et se redressa. Elle sortit une cigarette, et désigna du menton le briquet qu'il tenait encore :

— Je peux ?

Sans un mot, il alluma sa clope et la regarda inhaler comme on regarde un tableau de Monet.

— Ça vous va mieux, les cheveux courts.

— Merci. Et vous, ça vous va mieux, le rôle de la victime.

Deux hommes, deux rendez-vous au même endroit, très proches l'un de l'autre. Une escorte à l'allure de matriochka pour deux cas sociaux qui respiraient en apparence la misogynie et la brutalité. Une souris pour deux chats. Sauf qu'Arthur Ducart était un tueur en série fraîchement identifié, employé de la municipalité au service de la gratuité des transports, soupçonné des meurtres de sept call-girls, et Étienne Fils, un jeune capitaine de la criminelle en infiltration. Elle avait voulu le faire accuser de son crime à elle, il avait voulu prendre sa victime en flagrant délit. Leurs deux plans avaient échoué : Ducart était mort et Lucia se voyait acquittée pour légitime défense, elle la poupée qui avait survécu à l'attaque planifiée d'un monstre.

Mais Étienne savait qu'il ne pourrait jamais rien prouver. Et qu'un jour ou l'autre, elle recommencerait.

— … Je sais, répondit-elle.

Puis elle jeta sa cigarette à ses pieds, fit volte-face et alla vers la horde qui braillait des « Lucia » pour glaner son attention et quelques réactions à chaud sur l'histoire de l'année.

Il la regarda s'éloigner, ne voyant ni candeur, ni beauté, et nulle victime. Mais un chat, et des milliers de souris.

Il cligna des yeux pour chasser cette image de son esprit.

Feu de joie
et bonnes bouteilles

Par Mickaële Eloy

Cette nouvelle est adaptée de la célèbre affaire Laura Weaver, condamnée à mort aux États-Unis pour avoir assassiné son mari. Cette femme de 1m83 a étranglé son mari selon un mode opératoire très méticuleux qui est exactement retranscrit ici, bien que le contexte soit totalement différent puisque nous sommes en France de nos jours.

<u>*GIRL CHOKES MAN, SETS FIRE TO BODY*</u>
<u>(nytimes.com)</u>

Le feu gagna de l'ampleur. Marion restait là, à admirer le brasier. Il avait fait beau, ce jour-là. Une belle journée, et une belle nuit pour contempler les flammes qui montaient dans la pénombre. Bientôt, ce fut tout le talus qui partit en fumée. Les ronces, les herbes sèches, les branches, tout craquait, claquait et crépitait. *Un magnifique feu de joie*, songea-t-elle.

— Enfin ! Enfin libre ! se mit-elle à crier à travers la plaine. Et adieu Joseph !

La chaleur du brasier laissa peu à peu place à la fraîcheur de la nuit. Pour un mois d'avril, la température était pourtant plaisante. Mais après avoir passé quelques dizaines de minutes à tourner autour du feu, Marion sentait l'humidité la gagner peu à peu. Les flammes s'éloignaient d'elle, laissant dans leur sillage une traînée noirâtre. Un frisson parcourut la jeune femme. Il était temps de partir. D'autant que quelques sirènes semblaient approcher. Sans doute que les pompiers avaient été prévenus par quelques voisins curieux… Il ne faisait pas bon de rester dans le coin.

Marion monta en voiture et disparut dans la nuit.

***

Alors qu'il arrivait sur les lieux, le sergent Florin descendit de camion. Les flammes ravageaient le petit talus qui longeait le canal, et le champ adjacent commençait à son tour à partir en fumée. Pompier expérimenté, il ne se laissa pas impressionner par le feu, même si l'origine accidentelle était à écarter. Quelques ordres claquèrent et son équipe se mit au travail. Lui en profita pour faire un premier compte-rendu :

— CODIS[1] de CCF[2] Marennes pour compte-rendu.

— Transmettez pour CODIS.

— CODIS de CCF Marennes. Je suis en présence d'un feu de végétation basse, avec propagation à un champ. Environ 150 mètres carrés brûlés. Origine du feu inconnue. Petite lance en cours d'établissement sur CCF non alimenté. Je demande un groupe feu de forêt[3] en renfort et le concours de la gendarmerie.

— Bien pris pour CODIS. Nous vous envoyons les renforts demandés. Terminé.

Le sergent rejoignit son équipe. Les tuyaux commençaient à serpenter sur le sol et seul le maigre éclat du feu permettait d'observer la scène. Il allait remonter l'établissement en direction du brasier lorsque son attention fut attirée par les cendres. Au milieu de la traînée grise et noire, les phares du camion éclairaient faiblement une tache jaunâtre, même si la couleur était ternie par l'effet des fumées. Il saisit sa lampe torche, s'approcha et orienta le faisceau vers l'étrange objet.

Un tissu, ou quelque chose de similaire, semblait émerger des suies noirâtres. Le sergent s'approcha de quelques pas, prenant soin de ne pas trop piétiner le sol meuble. Ses cours lui revenaient en mémoire. La voix de son instructeur résonnait dans sa tête : « Bordel, Florin ! Et les traces et indices ? Arrête de foncer dans le brouillard et fais gaffe, un peu ! »

Il n'était plus qu'à deux mètres, trois tout au plus, lorsque son regard creva la couche de fumeroles et de suie. Il resta interdit un instant. *Non, ce n'est pas possible !* Le sergent ferma les yeux, secoua la tête et regarda de nouveau. Une forme était moulée dans ce qui devait être une couverture. Une forme assez

---

[1] Centre Opérationnel Départemental d'Incendie et de Secours, lieu où parviennent les appels aux pompiers qui émanent du département, et qui gère les différentes interventions.

[2] Camion Feu de Forêt, qui est chargé d'éteindre les feux de végétation.

[3] Groupe composé de 4 CCF et d'un véhicule de commandement.

grande. Épaisse. Et des poils calcinés dépassaient, seulement visibles en se rapprochant.

D'un pas mal assuré, s'efforçant de marcher dans les empreintes qu'il avait laissées quelques instants auparavant, Florin rejoignit la lisière du feu. Ses hommes étaient toujours occupés à se battre contre ce qui pourrait bien devenir un feu de broussailles important. Le premier de l'année.

— Minot, lança-t-il à un jeune sapeur qui se trouvait non loin, attrape-moi rapidement de la rubalise dans la boîte à gants. Traîne pas, il faut qu'on balise la zone.

Jetant un regard circulaire sur la zone, Florin observa ses hommes, une lance à la main, rabattre les flammes et avancer toujours plus vers le brasier. À l'opposé, des gyrophares bleus se rapprochaient à vive allure. *La nuit va être longue*, songea Florin, résigné.

***

Quelque part dans Marennes, vendredi 19 avril, 00 h 54

Le capitaine Débarré, gendarme depuis près de vingt-trois ans, pouvait se gausser d'avoir eu une carrière bien remplie. Il avait jeté son dévolu sur la brigade de Marennes quelques mois auparavant. L'ambiance de la petite caserne et le calme apparent du village feraient un très bon avant-goût pour sa retraite à venir. Le cadre était idyllique, entre mer et terre. Le rythme de travail n'était pas non plus des plus denses, alternant entre quelques querelles de voisinage et un cambriolage de temps en temps. La drogue, les violences, les braquages, le capitaine Débarré les laissait volontiers aux autres… Les seules armes qui passaient par sa brigade étaient celles des chasseurs ou des rares collectionneurs qui omettaient plus ou moins volontairement de les déclarer…

Aussi, lorsque le téléphone sonna, ce soir-là, il fut le premier surpris. Il était minuit passé et il s'apprêtait à aller se coucher.

— Capitaine ? Bonjour, ici le chef de salle du CODIS. Le sergent Florin est sur un feu de broussailles, le long du canal du Grand Garçon. Il demande que vous le rejoigniez.

— Pour un simple feu de broussailles ?

— Je ne suis pas sûr que ce ne soit que ça… Florin n'est pas du genre à appeler à l'aide pour rien.

***

Gendarmerie de Marennes, vendredi 19 avril, 10 h 18

Assis à son bureau, le capitaine Débarré buvait d'un air absent un café fort. De temps à autre, il jetait un regard dégoûté vers une carte d'identité, enfermée dans un sac à scellé.

Un peu plus tôt, le soleil s'était levé sur le marais. Une journée qui aurait pu être belle, si les premiers rayons n'avaient pas éclairé d'une si douce lumière une couverture jaune et rouge, à demi calcinée, entourant une forme imposante. Ce qu'il restait d'un corps. Un corps d'homme, à en juger par la stature et les premiers éléments que le capitaine avait pu récolter sur place. Les équipes de la police technique et scientifique avaient été à pied d'œuvre une bonne partie de la nuit, cartographiant la zone, la photographiant sous toutes les coutures, notant et répertoriant la moindre trace.

— Capitaine ? Nous allons pouvoir emmener le corps. Le légiste vous transmettra son rapport rapidement, mais nous avons trouvé ceci.

L'homme en combinaison de papier blanche lui avait tendu un sac transparent, scellé, qui contenait les restes d'une carte d'identité. Si la photo était presque inexploitable, le nom et le prénom semblaient lisibles, malgré une fine couche noire.

— Elle appartient à un certain Joseph Brochain. On l'a trouvée dans la poche arrière du pantalon.

— Merci. On s'en occupe.

***

Canal du Grand Garçon, vendredi 19 avril, 01 h 48

Le capitaine avait garé son véhicule le long du canal, il s'en souvenait très bien, à 01 h 48. L'heure bleutée éclairait son habitacle, lorsqu'il avait saisi sa veste sur le siège passager. Le sergent Florin s'était avancé vers lui pour lui glisser d'une voix blanche : « Je crois qu'il y a un corps. » Rien d'autre. *Et le pire, c'est qu'il avait raison…*

***

Gendarmerie de Marennes, vendredi 19 avril, 10 h 37

Le dossier concernant la probable victime était maigre. Joseph Brochain avait 48 ans. Il était marié depuis bientôt treize ans à Marion née Phacorna, de dix-sept ans sa cadette. Leur dernière adresse connue était située à Marennes. Il semblait être sans emploi ni revenu. Il était connu pour des faits de droit commun – quelques magouilles, des larcins dans des garages et un peu de deals de drogue à l'occasion – et avait été condamné pour violence. Un délinquant de bas étage, somme toute.

Fait notable cependant : la gendarmerie était intervenue quelques jours plus tôt à leur adresse à la demande des voisins, qui n'en pouvaient plus d'entendre des cris et des éclats de voix à toute heure du jour et de la nuit.

Les empreintes dentaires avaient été versées, ainsi que quelques mensurations et les photos du tatouage et des deux cicatrices qu'il avait. Au dernier relevé, il mesurait 1 mètre 76 pour 85 kg. Son tatouage représentait un cactus noir, placé le long de son mollet droit. Et les cicatrices se trouvaient pour l'une sur sa tempe droite, et pour l'autre sur l'avant-bras gauche.

Gendarmerie de Marennes, mercredi 24 avril, 13 h 19

— Mes respects, mon Capitaine. Nous avons reçu les conclusions du légiste, vous voulez les voir ?

Depuis le début de semaine, les sous-officiers et les militaires du rang avaient appris à se tenir à l'écart du bureau du patron. La découverte d'un corps faisait les choux gras de la presse locale. Des fuites d'informations avaient eu lieu, sans qu'on ne puisse identifier la source, et le capitaine était à prendre avec des pincettes.

« Assassinat à Marennes, une suspecte recherchée par la gendarmerie »

« Un corps calciné retrouvé dans le marais »

« Meurtre inexpliqué à Marennes, sur la piste d'un tueur en série ? »

Ce dernier titre, empreint de panique et d'approximations sans intérêt, avait fait rugir le capitaine. Depuis, chacun évitait autant que possible de croiser sa route, de lui poser une question, qui plus est sur l'enquête, ou même de lui parler.

Aussi, lorsque le maréchal des logis-chef Kingsley pénétra dans le bureau par la porte ouverte, il marchait sur des œufs. L'officier hocha la tête, d'un air entendu.

— Faites-moi un résumé. Mais succinct.

— Le légiste confirme que le corps est bien celui de Joseph Brochain. Le dossier dentaire correspond. En revanche, les conclusions concernant la cause de la mort sont un peu surprenantes. On aurait pu s'attendre à ce que…

— Aux faits, Kingsley, trancha l'officier d'un ton péremptoire.

— Il est mort asphyxié. Le feu n'est intervenu que pour se débarrasser du cadavre.

Le capitaine leva le nez de son écran.

— Asphyxie, vous dites ? Étrange… Mais c'est sûrement mieux pour le Brochain en question. Quoi d'autre ?

— C'est tout pour le légiste. Et toujours pas de trace de sa femme. Personne ne l'a vue depuis le meurtre… Et quand nous sommes allés à leur appartement, tout était sens dessus dessous. Je vous propose un bornage du téléphone de Marion Brochain, ça nous aidera peut-être à la localiser.

— Parfait. Faites la réquisition. On a ses antécédents ?

— Je vous transmets le dossier par mail, mon Capitaine ?

L'officier soupira d'agacement.

— Par mail ? Vous ne pouvez pas vous déplacer pour me l'apporter ? Le bon vieux papier, c'est tout de même plus pratique ! Et nous le verserons directement aux archives quand tout sera fini ! Merci, Kingsley, ce sera tout.

✳✳✳

Gendarmerie de Marennes, jeudi 25 avril, 14 h 39

Jérémy Débarré feuilletait les nombreuses pages du rapport qu'il avait reçu quelques instants plus tôt. Si le bornage du téléphone n'avait rien donné, le relevé des derniers appels en disait un peu plus long sur la vie de Marion Brochain. Elle avait peu de contacts avec le monde extérieur, à l'exception de son mari et de sa sœur.

Le téléphone de Joseph Brochain, lui, s'avéra plus intéressant. De nombreux messages envoyés à sa femme, indiquant des adresses et des horaires. D'autres échangés avec des inconnus parlant de prestations, de tarifs et d'accords. Des photos d'une femme accompagnaient bon nombre d'entre eux. Était-ce sa femme ? Cela semblait probable, tant les horaires des propositions correspondaient, à peu de choses près, aux messages envoyés à Marion. Était-ce suffisant, à ce stade, pour caractériser de la prostitution ? Non. Mais les preuves donnaient un début de piste.

Cette histoire, décidément, s'annonce bien étrange, songea l'officier, en frottant maladroitement sa nuque.

Il étala sur un tableau de liège les différents éléments de l'enquête, pour essayer d'y voir plus clair, tandis que ses hommes procédaient aux vérifications d'usage auprès du voisinage du couple.

Les informations dont il disposait étaient peu nombreuses :

    – Un corps découvert dans le marais, partiellement carbonisé, mort d'asphyxie.

    – Une femme introuvable.

    – Des soupçons de proxénétisme aggravé.

Et, à son grand désarroi, on n'était pas dans un épisode des *Experts*. La solution ne lui apparaîtrait donc pas toute cuite…

***

Banlieue lyonnaise, samedi 27 avril, 06 h 17

Deux coups résonnèrent contre la porte de la minuscule salle de bains.

— Tu es prête ? Le café est servi. Je vais être en retard, si ça continue !

Un immense fracas ponctua la phrase que Julie venait de prononcer.

— GENDARMERIE ! GENDARMERIE !

Julie se retrouva en un instant prise en tenaille par deux gendarmes lourdement équipés.

La porte de la salle de bains vola en éclats alors qu'à l'intérieur, sa sœur hurlait de peur.

— Marion Brochain, vous êtes mise en examen dans le cadre du meurtre de Joseph Brochain, votre mari.

Julie regardait les gendarmes encadrer sa sœur et lui passer les menottes.

— Marion, mais qu'est-ce qu'ils racontent ? Regarde-moi ! Parle-moi !

Marion, tête basse, sortit de la salle de bains accompagnée des forces de l'ordre. Le capitaine Débarré avait, en personne, fait le déplacement pour cette arrestation matinale.

***

Banlieue lyonnaise, samedi 27 avril, 11 h 18

— Madame Brochain, vous savez pourquoi nous sommes venus vous chercher ce matin. Ce ne devait pas être réellement une surprise pour vous, si ?

Marion restait silencieuse. Depuis près d'une heure, le gendarme essayait de l'interroger, usant tantôt de la manière douce, tantôt d'une voix puissante pour la pousser aux aveux. Prostrée sur sa chaise, la main droite reliée à une chaîne par une menotte, elle ne semblait ni vivante ni morte. Comme si elle était dans un entre-deux, retenue dans les limbes contre son gré. La puissance de l'esprit, sans doute, qui est capable d'emporter avec soi les lambeaux de la raison lorsque la réalité est trop violente. Et violente, celle de Marion l'était.

— Marion, il faudrait nous aider. Nous avons besoin de progresser, de démêler cette affaire. Et je peux vous garantir que la vérité vous fera du bien… Laissez sortir tout ça, au lieu de vous miner.

La vérité. Il sembla au gendarme que la femme face à lui avait bougé. Sa paupière s'était crispée, une fraction de seconde. Rien de bien flagrant, mais quand même. Un léger frémissement, quelque chose de subtil mais de présent. Reprenait-elle pied ?

— Oui, c'est moi.

Trois mots prononcés à voix basse, presque inaudibles. À tel point que le gendarme se demanda s'il avait bien entendu. Marion avait lancé ça dans un souffle.

— Vous dites ?

— Oui, c'est bien moi. Je l'ai tué.

Et soudain, les vannes s'étaient ouvertes. Marion s'était, selon l'expression consacrée, mise à table. Elle raconta tout. D'un seul bloc. Sans reprendre sa respiration, ou presque. Sans une pause, hormis pour demander un verre d'eau.

***

Marion avait grandi dans la ferme de ses parents, en compagnie de sa sœur. Lorsqu'elle avait huit ans, sa mère était morte. La petite fille n'en gardait que peu de souvenirs, si ce n'était qu'à l'époque, leur père avait fait ce qu'il fallait pour que les filles prennent le rôle de leur mère. Elles se partageaient les corvées, du ménage à la lessive, en passant par les travaux des champs, tandis que leur père, lui, s'occupait des bêtes.

La fatigue et la lassitude avaient peu à peu pris la petite Marion et elle n'avait rêvé que de voyages. Les journées étaient bien trop chargées pour ses frêles épaules, entre l'école et les travaux de la ferme. Du haut de ses treize ans, la charge était trop importante.

Marion s'était levée un matin, alors que son père était parti assurer la traite. Elle avait jeté à la hâte quelques affaires dans un minuscule sac, s'était emparée d'un peu d'argent dans le pot à sucre au-dessus de la cheminée et avait quitté la maison sans un regard en arrière. Le choix avait été douloureux, mais elle ne pouvait plus tenir le rythme imposé. La fatigue et les courbatures étaient de trop, dans sa vie, à un âge où les seules préoccupations qu'elle aurait dû avoir étaient ses résultats scolaires.

Bien que sachant lire et compter, la petite Marion s'était retrouvée à la rue, naviguant là où ses pas la portaient, entre campagne et petits villages. Bien vite, elle prit l'habitude de se cacher dans des granges abandonnées, ne quittant son abri qu'à la faveur de la nuit pour éviter les gendarmes. Lorsqu'à seize ans, elle avait rencontré Joseph, vagabond comme elle, Marion avait pensé s'en sortir. Ensemble, songeait-elle, ils auraient pu accomplir de grandes choses. Peine perdue…

Joseph avait de nombreuses années de plus que sa jeune compagne, mais elle n'en avait pas pris ombrage. Il semblait être, dans les premiers temps de leur rencontre, un véritable prince charmant, adorable, à l'écoute, patient. Mais cela n'avait pas duré. Peu à peu, le prince était devenu autoritaire, impatient. Il ne supportait plus la moindre remarque. Joseph était aussi profondément allergique au moindre effort. Il incombait à Marion de trouver de quoi subvenir à leurs besoins.

De petits boulots en appartements minables, la situation du couple s'était peu à peu dégradée. Marion avait un temps travaillé dans une épicerie, remettant en rayon le soir. Mais ce n'était pas suffisant. Alors, malgré son dégoût profond, Marion en était venue à se prostituer. Son compagnon gérait son emploi du temps et les rendez-vous avec les clients, favorisant ceux qui pouvaient payer cash et n'étant pas plus regardant. Le matin, ou le soir, après l'épicerie, et jusque tard dans la nuit, elle devait écarter les cuisses sans mot dire.

Joseph était de plus en plus rude à l'égard de celle qui était devenue sa femme un soir de novembre, avec pour témoins deux clients réguliers. Souvent, lorsqu'il buvait, ne supportant pas sa présence à ses côtés malgré la discrétion dont Marion faisait preuve, les coups pleuvaient. Un soir de beuverie, il l'avait même blessée à la main avec un couteau de cuisine. Marion s'était rendue chez un vétérinaire qui la fréquentait pour se faire recoudre. Elle craignait trop les questions qu'on aurait pu lui poser aux urgences.

Quand la violence était trop répétitive et que les voisins commençaient à fureter, Joseph ne se faisait pas prier pour quitter les lieux, laissant une dette de loyer pharaonique derrière lui. Le couple, alors, s'installait de nouveau dans un appartement miteux. Le mari proxénète se chargeait de trouver rapidement une nouvelle clientèle à sa femme et le manège recommençait. Les coups, les passes, l'alcool et les déménagements. Marseille, Rouen, Paris, Lyon, Strasbourg. Puis des villes plus petites, où Joseph trouvait plus facilement un logement, bien que mal en point. Foix, Montélimar, Béthune, Cahors. Toujours mettre des kilomètres entre leur vie d'avant et leur nouvelle vie. Toujours s'éloigner pour éviter les problèmes. Ne jamais revenir deux fois au même endroit. Gagner de l'argent mais dépenser le moins possible.

Le dernier déménagement avait eu lieu quelques semaines auparavant. Le couple s'était installé à Marennes au début du mois de mars. Peu de temps avait été nécessaire pour que la gendarmerie reçoive les premières plaintes pour nuisances sonores, de jour comme de nuit. Des cris, des invectives, des bruits sourds puis des pleurs. Personne n'osait cependant intervenir ni s'interposer, l'homme ayant décidé qu'il avait le droit de corriger sa femme comme bon lui semblait.

***

À ce moment-là, Marion marqua une pause. Elle avait besoin de se ressaisir. Les larmes, nombreuses, coulaient sans discontinuer sur son visage depuis une bonne heure. Le gendarme lui proposa une collation et un bol d'air frais. Il défit les menottes et la carcasse élancée de la jeune femme se déplia. Elle le suivit à l'extérieur, sans rien dire, le visage baissé, comme soumise à l'autorité, quelle qu'elle soit.

Lorsque le gendarme lui proposa une cigarette, elle refusa d'un signe de la tête, s'excusant presque de le déranger durant sa pause. Puis elle mangea du bout des lèvres quelques pâtes trop cuites, repoussant de la pointe de la fourchette la tranche de jambon. Elle bouda le yaourt, sans doute trop riche pour son estomac fragile.

— On s'y remet, Madame ?

Marion hocha la tête, résignée. Et elle reprit son discours à l'endroit où elle s'en était arrêtée. Elle n'avait besoin ni de questions ni d'encouragements.

La vie aux côtés de Joseph était pesante, violente, détestable. Marion n'en pouvait plus. Et il y avait eu le soir de trop.

Il est rentré vers dix-huit heures. Il avait bu des bières. Beaucoup de bières. Et il avait parié, comme souvent. Mais il avait perdu, alors, avec l'alcool en plus, il était énervé. Moi, j'étais restée à la maison. Je n'avais pas réussi à trouver un nouveau travail. Parfois, je rendais service à ses connaissances, qui me payaient pour ça.

Quand il est rentré, le dîner n'était pas encore tout à fait prêt. Je venais de mettre le rôti au four et les pommes de terre doraient dans la cocotte. Il a jeté ses chaussures à travers le salon, s'est emparé d'une nouvelle canette de bière et s'est laissé tomber dans le canapé. Ça a secoué sa boisson. Quand il l'a ouverte, ça a giclé partout. J'ai attrapé un torchon pour essuyer mais il m'a saisie par les cheveux et m'a secouée violemment. Tout était ma faute. Encore. Il m'a claqué la tête contre le montant du canapé, m'a mis un coup de pied dans les côtes et m'a relâchée pour que je termine de nettoyer. Il criait et m'insultait. Vous savez, des fois je me dis que, même si c'était rude, c'était mieux chez mon père… Mais Joseph, il avait raison, c'était ma faute. J'aurais dû faire plus attention…

Il a envoyé quelques messages à des clients. À table, il m'a dit que j'avais trois rendez-vous, pendant la soirée. Les hommes viendraient à la maison, Joseph leur ouvrirait la porte, encaisserait les tarifs des passes et je devrais faire ce que j'avais à faire. Le reste du dîner s'est déroulé dans le silence. Je ne devais pas faire de bruit, comme il regardait les informations à la télé. Ensuite, j'ai débarrassé la table.

J'ai commencé à laver la vaisselle pendant qu'il s'est servi un verre de whisky. Il est passé derrière moi et m'a violemment claqué les fesses. J'ai retenu un cri, je sais que ça l'excite et après je passe à la casserole… Je n'avais qu'une envie : qu'il se mette devant la télé et qu'il me fiche la paix. Je voulais la paix. Je voulais du calme. J'en pouvais plus d'être sa chose depuis tant d'années.

Je me suis retournée, avec la ferme intention de lui dire d'arrêter. J'allais ouvrir la bouche. Je vous jure que cette fois, j'étais déterminée. Rien ne pouvait m'arrêter, je pensais. Il a dû voir dans mes yeux que j'allais lui dire stop. J'ai vu son bras se lever bien haut et il m'a mis une claque monumen-

tale. Ma tête a tourné. J'ai eu mal. Très mal. Je crois même qu'il m'a cassé une dent. Il m'a fendu la lèvre, ça c'est sûr.

Et il a hurlé. Hurlé encore et encore. J'étais à lui. Je serais toujours à lui. Jusqu'à la mort. Vous voyez, Monsieur le Gendarme, c'est lui qui m'a donné l'idée. Jusqu'à la mort. Ça a résonné en moi. Comme si quelque chose s'était cassé et m'avait ouvert les yeux. C'était ça, la solution.

Alors j'ai attendu qu'il s'endorme. Il avait beaucoup bu. Je savais que ce ne serait qu'une question de temps. Qu'il finirait par ronfler devant ses combats de catch. Et c'est arrivé. J'avais plié le linge, pour occuper mes mains qui n'arrêtaient pas de trembler. J'avais peur. Peur de rater mon coup. Peur qu'il s'en prenne de nouveau à moi. Mais en même temps, je ne comptais plus le nombre de fois où il avait levé la main sur moi. Quand j'ai entendu ses vrombissements, j'avais sa ceinture dans les mains. C'était aussi un signe. C'était ce qui allait m'aider. J'allais m'en servir pour me débarrasser de lui. Cette horrible ceinture qui avait laissé tant de marques sur ma peau. Dans mon dos, sur mes cuisses, sur mes épaules… J'ai refermé la ceinture, pour voir. Elle me semblait tellement grande, jamais je ne pourrais y arriver. Alors, j'ai pris un couteau et une planche à découper. Et j'ai rajouté des trous. Plusieurs trous. Ça formait un cercle très petit, bien plus petit que le cou d'un homme.

Je me suis dirigée vers lui. Il dormait profondément. Mais quand je me suis approchée, il a grogné. Je ne savais pas s'il allait se réveiller. J'ai cru qu'il sentait ce qui allait arriver. Il a bougé un peu, puis s'est remis à ronfler. J'étais soulagée. J'ai passé la ceinture sous sa nuque, doucement, centimètre par centimètre. Puis j'ai glissé l'extrémité dans la boucle et j'ai commencé à serrer. Le cuir s'est rapproché de sa gorge. Je me suis accroupie derrière le dossier et d'un coup sec, paf. J'ai tiré.

Il s'est sûrement réveillé à ce moment-là. Il y a eu un son qui venait de sa gorge, comme un grognement étouffé. Il a porté les mains à son cou et a essayé de retirer la ceinture. Mais j'étais comme suspendue au cuir. Je l'avais enroulé autour de ma main. Je tenais bon.

Vous savez, Joseph et moi, on fait à peu près la même taille. Et je suis musclée. Alors vous pensez bien qu'il ne pouvait pas lutter, lui et son tas de graisse informe qui lui servait de ventre. Il a tiré, s'est débattu pendant *de longues secondes. Mais c'était fini, je ne serais plus jamais dépendante de lui. Jusqu'à la mort, qu'il avait dit. Alors il allait mourir.*

Peu à peu, ses gestes ont été moins brusques, plus lents. Quand je me suis relevée, ses yeux étaient révulsés et injectés de sang. Il bavait. Il a essayé de m'attraper le visage, mais j'étais trop loin de lui. C'est à peine s'il a réussi à me griffer. J'ai lu dans ses yeux qu'il savait. Il savait que c'était fini. Que rien ne pourrait changer ce qui allait se passer. Que, d'ici peu, il allait devoir rendre des comptes devant notre Créateur.

Quand, enfin, il a cessé de lutter, je n'étais pas sûre qu'il était bien mort. Alors j'ai serré encore un peu et j'ai attaché la ceinture avec la boucle. Ce n'était pas facile, la peau flasque de son cou s'était prise dans la boucle. J'ai dû relâcher un peu la ceinture. Je crois même qu'il a respiré. Mais tout de suite, j'ai serré de nouveau, et en tirant d'un coup, j'ai pu passer l'attache dans le dernier trou. Sauf qu'on ne pouvait pas rester là comme ça. Il fallait que je trouve une idée. Qu'est-ce que j'allais faire de lui ?

Je me suis rappelé les séries policières. Le feu détruit les preuves. Je devais emporter Joseph et les flammes achèveraient de s'occuper de lui. C'était un avant-goût de l'enfer. Avec quelques difficultés, je l'ai mis dans une housse de couette et je l'ai jeté dans le coffre de la voiture. J'ai roulé. Pas bien loin. On était déjà allé vers le canal, un soir où un client avait demandé à me voir dans la nature. J'ai détesté cet endroit. Ce soir-là, Joseph était même resté profiter du spectacle. Ça m'avait dégoûtée encore plus que d'habitude.

Alors on est allé au canal, lui et moi. Il était dans le coffre. Il ne disait rien, pour une fois. Pas la moindre critique de ma conduite. Je me souviens, ça m'a même fait rire. Je suis allée chercher un jerrican d'essence. Pas du gasoil, ça ne brûle pas. Quand on est arrivé au canal, j'ai sorti la couette et son contenu en tirant sur le tissu. Il est tombé par terre dans un bruit mat. Je lui ai dit : « On fait moins le malin, hein, Joseph ! » Je l'ai tiré vers le fossé, un peu plus loin. Même si je suis forte, ce n'était pas facile. C'était comme un poids mort, mon Joseph. Je me souviens, j'ai pensé que, quand même, j'aurais dû faire ça avant. Pas le tuer, peut-être, mais au moins lui mettre une raclée comme il le faisait avec moi… Mais peut-être que c'était ça, notre destin, à lui et à moi. Peut-être qu'il était un peu comme un père pour moi. Malsain, violent, mais mon protecteur malgré tout. Et on ne fracasse pas son père…

J'ai mis de l'essence un peu partout, surtout sur lui. J'avais retiré la couette pour le voir roussir comme au barbecue. Je voulais qu'il crève. Je voulais voir les flammes le dévorer. J'ai allumé une clope et je l'ai jetée vers lui. La première n'a rien fait. Elle a dû tomber à côté de l'essence. La deuxième a touché juste. Et il s'est embrasé d'un coup. Je crois que je l'ai vu bouger, mais je n'en suis pas sûre.

Ça a foutu le feu au talus, je crois. Je suis désolée. Mais vous savez, je m'en foutais. J'étais tellement contente. Je me sentais libre, enfin. Depuis tout ce temps… Je crois même que j'ai dansé, comme à la Saint-Jean. Et avant de partir, j'ai crié. J'ai crié haut et fort que j'étais débarrassée. Enfin libre. Et adieu Joseph !

***

Le gendarme n'avait rien dit durant le récit de Marion, se contentant d'enregistrer les paroles qui sortaient de la bouche de la jeune femme bien trop rapidement pour qu'il prenne des notes. Il l'accompagna en cellule et entreprit de retranscrire ce que la jeune femme avait raconté. L'homme était bouleversé. S'il existe parfois des circonstances atténuantes, la vie de Marion était de celles-là. Ça n'enlevait pas l'horreur de son geste, mais quelque part, Joseph n'avait eu que ce qu'il méritait. Il leva les yeux de son écran et observa le mur face à lui. En grandes lettres était inscrit : « Force doit rester à la loi ».

***

Prison de Rouen, des années plus tard

Marion s'était parfaitement adaptée à la vie carcérale. Détenue modèle, elle avait pris des cours et venait d'obtenir un CAP couture et envisageait même de fonder sa propre entreprise le jour où elle pourrait enfin pousser les portes de la prison.

Sa sœur lui rendait visite, régulièrement. Une fois toutes les trois semaines, elles se retrouvaient dans le parloir. Elles revi-

70

vaient les années d'éloignement, se racontant mutuellement la vie qu'elles avaient vécue. Si le temps perdu ne se rattrape jamais, elles compensaient un peu.

Son père avait bien tenté de venir la voir, lui aussi, mais Marion s'y était refusée. Il était, pensait-elle, à l'origine de toute cette sombre affaire. Sans les douleurs de sa jeunesse, elle n'aurait jamais rencontré Joseph. *Décidément*, songea-t-elle, *les hommes n'apportent jamais rien de bien.*

La croisière s'amuse

Par Sylvie Bizien

Sylvie Bizien, navigatrice ayant fait le tour du monde, a adapté librement un fait divers survenu sur un bateau, une femme ayant tué son mari loin du rivage.

<u>Lori Isenberg sentenced to life for killing husband by drugging him on boat on Lake Coeur d'Alene | The Spokesman-Review</u>

La femme au regard d'acier.

C'est comme cela que j'avais surnommé Florence lors de notre première rencontre. À bien y réfléchir, quand j'y repense aujourd'hui, il me semble bien ne l'avoir croisée qu'une seule fois. C'était il y a deux ans déjà. Dans mon travail, au quotidien, il est vrai que je côtoie beaucoup de monde. Elle, j'ai tout de suite senti que c'était différent. Ses yeux gris métal m'avaient marquée à vif alors que le destin avait guidé mes pas dans la chambre de ce couple d'agriculteurs normands. Ma mission était d'y recueillir les âmes de ces deux paysans et de les emporter vers l'au-delà.

Pendant les guerres, les catastrophes naturelles, les attentats, je me déplace généralement pour des ramassages collectifs, mais à ce moment-là, une routine s'était installée, un temps calme, alors deux âmes d'un seul coup, cela m'avait interpellée. De plus, j'avais observé la femme au regard brut, une boîte de pilules dans la main, assise hagarde près du lit en bois rustique de ce vieux couple. Je vais vous dire, j'avais été touchée par la détresse dans l'attitude de Florence. Seule dans cette vieille ferme, sans confort ni charme, elle venait d'empoisonner ses propres parents, espérant mettre ainsi fin aux années de calvaire qu'elle avait endurées durant toute la période de son enfance.

Le résultat n'était pas au niveau de ses attentes.

Aucun soulagement.

Pas de libération.

Toujours cette même douleur lancinante.

Au chevet de ses géniteurs, et en même temps ses bourreaux, elle ne ressentait, encore une fois, rien d'autre que de la honte.

Mon travail m'amène à récolter des âmes de natures très différentes. Forcément, l'humanité est ainsi faite. Je reconnais que je n'y éprouve jamais aucun plaisir, contrairement à ce que certains d'entre vous pourraient croire. Je suis la mort, certes, c'est bien mon nom, mais je ne fais là que mon travail, le plus professionnellement possible, sans passion, ni compassion. Je dois vous avouer cependant consentir un petit soupir d'aise lorsque mon client est un pédophile, incestueux de surcroît. Cette fois-là, j'avais écopé, dans la même mission, du tortionnaire libidineux et de la complice silencieuse de ces horribles crimes, la mère de la jeune suppliciée, coupable d'une vie entière de déni.

Si je vous rapporte ici notre première rencontre qui, vous l'avez compris, m'avait particulièrement touchée à l'époque, c'est que la deuxième est d'un tout autre acabit. Nous allons y venir, mais en attendant, retrouvons notre brune au regard gris trempé qui fait escale à Nuku Hiva, petit joyau des Marquises en Polynésie française. Ce n'est pas un hasard si des artistes aussi talentueux que célèbres tels que Jacques Brel et Paul Gauguin ont choisi ce lieu enchanteur pour finir leur vie de création. Cet ensemble d'îles montagneuses et verdoyantes révèle un état sauvage, préservé des tour-opérateurs, des croisiéristes surpeuplés et des hôtels à touristes. Comme le déclamait le grand Jacques, « le temps s'immobilise, aux Marquises ». Florence y fête justement ses 50 ans avec Yann, son conjoint, à bord de leur voilier de 45 pieds, un Barracuda, monocoque de construction britannique, dont la particularité est l'insubmersibilité, une valeur inestimable pour un si long périple. Morlaer — c'est le nom que porte ce bateau, cela signifie « pirate », c'est du breton — est équipé d'une quille relevable permettant l'accès aux plus beaux lagons. Le magnifique esquif les emmène tous les deux pour un tour du monde sous les tropiques.

Florence et Yann, couple de jeunes retraités bretons, ont quitté Brest pour ce voyage sans date de retour programmée. Ils ont déjà pu découvrir les Canaris, le Cap Vert, les Antilles et les îles néerlandaises ABC pour Aruba, Bonaire, Curaçao où il ne leur a pas été finalement possible de déguster le breuvage aux couleurs de schtroumpf. Aux San Blas, îles paradisiaques du Panama, les aventuriers ont laissé leur cœur. Comment ne pas résister à l'intensité de rencontres d'un autre monde, des autochtones vivant sans eau courante ni électricité sur des îlots à fleur d'eau, ramassant la coco pour survivre, sans jamais se plaindre, une vie douce et simple dans un décor digne du plus beau des calendriers de La Poste.

Florence, perturbée par une adolescence violentée, n'a jamais pu stabiliser sa vie professionnelle, elle a ainsi enchaîné les petits boulots de serveuse, agent d'entretien, nounou… Yann, quant à lui, construisait des coques de navires militaires dans l'arsenal de Brest. Le décret amiante lui a permis de prendre une retraite anticipée à l'âge de 50 ans, ce qu'il n'a pas manqué de décider, traumatisé par le récent décès de son chef d'équipe, atteint d'un cancer des poumons causé par la fibre meurtrière, et cela, seulement quelques mois après son départ.

Tout laisse à croire que le couple coule des jours heureux, leur voilier bleu marine ancré dans cette magnifique baie de Taioha´e. Si je suis là pour vous le raconter, vous imaginez bien qu'il se trame ici un nouveau drame, mais promis, nous verrons cela plus tard.

Pour l'heure, Monsieur et Madame terminent un repas de fête à base de thon rouge grillé au barbecue et de Cabernet, rouge aussi, forcément. Le mari connaît sa femme par cœur et ne manque pas de déplorer son humeur massacrante. Il l'interroge, inquiet.

— Florence, ce sont à nouveau tes démons qui te perturbent, on dirait ? Ça n'a pas du tout l'air d'aller.

— Non, ce n'est rien.

— Tes parents te manquent, c'est ça ?

Le couple fusionnel, du moins vu de l'extérieur, n'affiche finalement qu'une façade entachée de mensonges que je suis bien la seule à connaître. Florence n'a jamais révélé à son mari le calvaire que lui a fait endurer son père pendant des années dans la vieille ferme en Normandie. Elle ne l'a pas non plus, et comment l'aurait-elle pu, impliqué dans la mise à mort qu'elle a secrètement orchestrée quelques mois avant le grand départ.

Yann est habitué aux frasques de son épouse, une femme magnifique qui n'a jamais voulu d'enfants et dont l'alternance entre périodes de dépression et instants d'euphorie segmente la vie du couple breton depuis plus de trente ans.

— Mes parents ? Non, ce n'est vraiment pas le problème.

— Ma chérie, parle-moi, dis-moi ce qui te mine à ce point-là.

La pauvre Florence n'en mène pas large, mais alors que vous pensez assurément que la culpabilité liée à l'assassinat de ses géniteurs la travaille, moi, je peux vous affirmer que c'est un tout autre mal qui la ronge.

— Yann…

— Oui, Florence…

— J'ai rencontré quelqu'un.

— Tu rigoles ! C'est quoi cette blague ! Tu me fais marcher !

À coup sûr, Yann ne peut pas imaginer une telle situation ubuesque.

Lui qui, au terme d'une vie de labeur, a pu enfin réaliser son rêve et acheter un bateau avec l'héritage des beaux-parents, puis partir loin, autour du monde.

Lui qui a enduré le caractère difficile de Florence, sans jamais obtenir d'elle une once d'explication.

Lui qui est persuadé de vivre là, avec sa femme, ses meilleures années dans ce paradis tropical.

Et pourtant…

— Non, Yann, je ne plaisante pas, je ne suis d'ailleurs pas d'humeur à ça.

— Florence…

— Yann… Je ne t'aime plus. C'est tout. Je n'y peux rien. J'ai cessé de t'aimer le jour où nous avons commencé notre voyage.

— Mais enfin… Florence… Tu n'as jamais été aussi heureuse que sur le bateau !

— Oui, sur le bateau… sur le bateau, c'est bien ça… mais pas *avec* toi.

— Et donc ?

— Qu'est-ce que tu veux que je te dise de plus ?

— Je ne sais pas moi, explique-moi, je te jure, là, j'y comprends rien !

— Ce que je veux te dire, c'est que je ne t'aime plus, que j'ai rencontré quelqu'un et que je vais te quitter.

Elle est étonnante, la femme au regard gris acier. Sans le fardeau insoutenable que pesaient ses bourreaux, elle est revenue à la vie, et son époux, son soutien de toujours, sa béquille du quotidien, n'a finalement plus sa place auprès d'elle. Elle s'est libérée de toutes ses chaînes, si bien que la rencontre avec ce barman marquisien avec qui elle aimait à bavarder chaque matin, après ses emplettes au marché de Nuku Hiva, fut un véritable coup de foudre. L'idylle ne date guère que de deux mois, en calculant bien seulement quelques jours après l'arrivée du voilier en terre marquisienne. Mais, que voulez-vous, c'est le destin, et j'en connais un rayon sur ce sujet, je vous le garantis. La navigatrice s'est très vite entichée de l'Apollon, danseur de haka, tatoué sur tout le corps, ou presque. À trente ans, et donc une vingtaine d'années de moins que sa belle, l'éphèbe vit encore chez ses parents. Il a donc fallu utiliser de subtils stratagèmes pour que les amoureux puissent s'ébattre au fil du temps, dans la cabine du Barracuda, et autres parties de jambes en l'air sur la banquette arrière du pick-up familial, dans le studio de la sœur compatissante, dans le lodge du meilleur ami, et on ne parlera pas des galipettes en plein air à l'ombre des cocotiers…

— Alors tu veux vraiment rester vivre ici, aux Marquises ?

— Ce n'est pas ce que j'ai dit.

— Mais tu veux faire quoi, Flo ? Je n'arrive pas à te suivre.

— Je veux que tu débarques. Je garde le bateau. Il est à moi, dans le fond. C'est tout de même mon héritage qui l'a payé, non ?

Je vous l'ai dit, les apparences affichent une image fausse d'un couple, soi-disant idéal. Yann est un garçon prudent, il a supporté les humeurs de Florence, oui, et c'était à la fois dur et douloureux. C'est elle qui a hérité, oui, et c'était même une belle somme d'argent. Ils ont pu, grâce à ce pécule tombé du ciel – et je peux personnellement en attester… – acheter le bateau de leurs rêves, oui, mais l'époux n'allait tout de même pas s'embêter à mettre les deux noms sur l'acte de francisation.

Petit un, cela complique les paperasses auprès des affaires maritimes et autres administrations tout aussi tatillonnes les unes que les autres, surtout lorsqu'on achète un voilier battant pavillon seychellois.

Petit deux, cela génère une source d'ennuis supplémentaires pour les démarches d'entrées, ce qui se fait appeler la clearance, dans les pays lors d'un voyage autour du monde.

Petit trois, cela rassurait Yann que le bateau soit à son seul nom, même si c'était plutôt égoïste et parfaitement contraire aux consignes que Florence avait expressément formulées.

— Florence, tu me quittes, c'est ton choix. Le bateau, lui, il reste, il est d'ailleurs à mon nom.

— Qu'est-ce que tu me racontes, mais… tu m'as volée !

Un mari bien avisé dont la prudence sonnera la perte.
Vous allez vite comprendre.

La belle Florence, quant à elle, n'a pas eu besoin de beaucoup de temps pour faire les comptes. Sans le bateau, l'idylle avec le Marquisien tombe à l'eau. Son projet de vivre d'amour et d'eau fraîche avec les quelques économies qu'il lui reste et l'argent qu'aurait pu gagner le Marquisien lors des escales, tout ce plan est à jeter aux oubliettes.

La seule solution pour permettre au couple illégitime de vivre la belle vie est, vous en conviendrez aussi, *mon* intervention.

L'équation est simplissime.

C'est le seul moyen pour que la navigatrice reprenne la pleine possession du voilier familial. Rappelons, de plus, que les époux sans progéniture héritent l'un de l'autre. Cerise sur le gâteau, et Florence n'a pas manqué d'y penser, la veuve d'un retraité ouvrier d'État touche la fameuse pension de réversion.

Bon plan.

Il lui reste donc à fomenter un plan d'action afin d'orchestrer le décès « accidentel » du conjoint et la veuve éplorée pourra profiter de son bel amant en toute impunité. Là, vous le sentez bien, mon intervention dans la suite du scénario est imminente.

Le pauvre homme est quelque peu abattu, au sens figuré, je m'entends. Il n'a jamais réellement eu confiance en une quelconque stabilité de vie auprès de Florence. Cela dit, il attribuait cette faiblesse davantage à la piètre santé mentale de son épouse qu'à ses soudains excès de liberté. Accablé de tristesse, il s'enfile quelques verres du fameux Cabernet conditionné en cubi et acheté au Panama avant le grand saut dans le Pacifique. Le vin l'abrutit un peu et le cocu s'assoupit sur la banquette de la table à cartes tandis que la belle Florence s'agite en cuisine à nettoyer les plats et assiettes du jour. La femme adultère en a fini de concevoir son projet machiavélique et, j'espère que vous en conviendrez par vous-même, ce qui suit est ici particulièrement ingénieux.

Florence commence par récupérer au pied du mât la drisse de spi au bout de laquelle elle prépare un nœud coulant. Comme chacun doit le savoir, le marin est, par définition, un expert en nœuds en tous genres, oui, mais seulement en nœuds marins, alors que le nœud coulant n'en est pas un. La femme aux yeux d'acier, avec quelques entraînements, avait rapidement acquis les bons réflexes sur un tuto YouTube à l'époque où elle préparait le grand « saut » de ses vilains parents avant de, finalement, opter pour le poison salvateur.

Le nœud est ainsi préparé avec soin et doigté. La voyageuse love alors l'autre extrémité de la drisse sur le winch ad hoc.

Tout est paré.

Il n'y a plus qu'à.

Quand je vous raconte que cette dame est différente…

La femme prend le temps d'une pause pour admirer son environnement. De nombreux bateaux de voyage sont ancrés dans cette vaste baie tout autour de Molaer. Une brise légère fait vibrer les gréements et osciller les voiliers sur un clapotis discret. Le tout génère un bruissement ardent et persistant. Les lumières de la ville se reflètent sur la mer noire et or. Au loin, l'unique lodge de Nuku Hiva brille de tous ses feux dans un halo de clarté.

Florence respire goulûment cet air chaud et sec qu'elle apprécie particulièrement. Elle observe un ciel étoilé dont aucune lune ne vient adoucir la noirceur. N'y voyez pas de l'hésitation, ce temps calme n'a d'autre fin que d'assurer à la navigatrice l'opportunité de l'action qui va s'enclencher.

Elle pénètre alors à l'intérieur dans le carré, glisse la boucle autour du cou de l'homme assoupi, ressort fébrilement dans le cockpit et, dans un élan soudain de fureur vengeresse, mouline sur la manivelle comme une forcenée afin de serrer le nœud, encerclant le larynx du marin aviné.

Le corps de l'homme se retrouve ainsi pendu à la verticale dans la descente profonde.

Il aura beau gesticuler et tenter de desserrer l'emprise, le cordage de diamètre 12 mm en spectra remplit délicieusement bien sa mission, et c'est à ce moment-là que, dans un professionnalisme irréprochable, j'interviens pour recueillir son âme.

N'allez pas croire que cette histoire s'arrête là, ce serait trop simple et je n'aurais pas pris alors la peine de vous la narrer.

Le corps de Yann est donc, comme nous le disions précédemment, pendu dans l'entrée de la cabine du voilier. La scène est assez grotesque, je vous l'accorde. Je complèterai par expliquer aux plus novices qu'un winch, l'engin sur lequel la belle a mouliné désespérément quelques secondes auparavant, n'est autre qu'un treuil de voilier. Cette fois-ci, Florence utilise celui fixé à l'arrière du bateau et dont la destination normale est de reprendre la tension des bastaques et donc à donner la forme adéquate au mât du navire. Ce winch permet ici à la meurtrière de faire glisser les 80 kg de son époux tout le long du cockpit jusqu'à la plage arrière. Il s'agit là d'une plate-forme au ras de l'eau dont le Barracuda 45 est équipé, un bel atout permettant d'embarquer et de débarquer avec facilité depuis l'annexe Zodiac vers le bord ou même pour prendre un bain, ce qui est vivement déconseillé en cet instant.

On verra pourquoi.

Tous ces déplacements du cadavre encore chaud sont réalisés par une nuit noire. Le bruit de fond du mouillage couvrant les bruits de choc que les voiliers alentour ne pourront donc pas percevoir.

Avec un sang-froid que j'ai rarement croisé lors de ma longue carrière, Florence enduit les jambes dénudées de son conjoint. La tenue type du marin au long cours est le short de bain sous les tropiques. La femme utilise sans aucun dégoût le sang et les abats du thon rouge acheté sans préméditation aucune au marché de midi. Vous vous interrogez à raison sur l'intérêt qu'avait eu Yann de conserver ces viscères dans un seau à l'arrière du bateau lors de la préparation du poisson.

Vous allez vite comprendre.

La tueuse sanguinaire ayant bien peinturluré son époux, elle commence à appâter la faune locale en jetant à l'eau à l'arrière du voilier quelques morceaux bien choisis d'abats de poisson. En quelques minutes, les requins-bouledogues, aperçus depuis quelques jours dans les alentours, font leur apparition.

Un festin les attendait.

Sans ciller, Florence glisse alors le corps à l'eau, non sans avoir omis d'insérer dans les poches du short et de la chemise de son mari d'autres morceaux de thon sanguinolents.

Très vite, les squales se déchaînent.

Florence libère encore un peu de drisse.

Tout le corps flotte désormais à l'arrière du Barracuda bleu roi. Disons ce qu'il en reste, car les membres sont déjà déchiquetés.

Soudain, la tension dans la drisse se libère d'un bruit sec. La voyageuse tourdumondiste remonte l'extrémité lacérée du cordage et observe au loin le visage de son mari s'enfonçant dans les eaux noires du Pacifique.

Florence prend le temps d'examiner la scène de crime. L'annexe est maculée d'hémoglobine tout comme la jupe arrière du voilier. Nul doute ne pourra être porté sur la violence de la scène d'horreur qui s'est déroulée ici ce soir alors que la femme du marin « réveillée » par un cri que nul autre n'a entendu, et pour cause, s'époumone avec talent sur le canal 16 de la VHF pour signaler aux services de secours que son mari est sorti vider le seau d'abats de poisson et qu'il n'est plus à bord du voilier de la croisière de rêve…

L'enquête de principe est menée au rythme tropical, mais avec professionnalisme et rigueur. Les conclusions sont simples : l'homme imprudent, peu aguerri des risques liés aux requins-bouledogues qui infestent les Marquises, est sorti de nuit alors que sa femme dormait pour vider le seau contenant les restes de thon. Le sang a rapidement attiré les prédateurs qui ont certainement fait basculer l'homme surpris de toute cette agitation à la mer. C'est ce qu'on appelle un accident bête. L'affaire est donc classée sans suite et l'épouse éplorée mise complètement hors de cause.

Quelques mois plus tard, nous retrouvons la femme au regard d'acier en plein farniente. La veuve savoure avec délectation son cocktail à base de rhum et d'ananas, au mouillage devant l'atoll de Huahine – prononcer « ouainé » si on ne veut pas avoir l'air stupide – dans les îles Sous-le-Vent. Son Apollon marquisien est parti chasser sur le tombant et lui ramènera encore quelques bonites et autres langoustes. Florence repense à la journée mémorable qu'elle vient de vivre. Une de plus à son palmarès.

Le voilier a rejoint ce petit paradis après avoir emprunté la passe Farerea, à l'est de Huahine, (ouainé, vous vous rappelez !), cette passe est facile d'accès pour un petit bateau, mais assez étroite, quelque 90 mètres quand même entre les deux barrières de récifs. Des dauphins y ont accueilli les deux amants dans ce décor de carte postale. Ils ont ensuite suivi un petit chenal balisé le long du motu Murimahora derrière lequel ils ont mouillé dans 4 mètres d'une eau turquoise et translucide. Le fond est net, ce n'est là que du sable, du sable à perte de vue. Les amoureux ont alors profité des richesses de ce motu qui présente en son cœur plusieurs plantations. Les habitants y cultivent banane, melon, pastèque, papaye, et sinon, ils pêchent. Le mouillage est extraordinaire, le plus beau que le nouveau couple ait fait ; le motu, l'eau turquoise et la montagne. Un petit air de Bora-Bora, sans les Japonais et les hôtels.

Dans l'après-midi, le beau couple a débarqué au village de Tefare Rii, pour faire l'ascension du mont Puhaerei qui culmine à 462 mètres. La vue y est grandiose sur le lagon et les baies qui séparent Huahine Iti et Nui. De là-haut, le Barracuda de 45 pieds paraît tout petit dans sa piscine turquoise. Au retour, Florence s'est rafraîchie dans le lagon avec palmes, masque et tuba, ce qui lui a permis de découvrir de belles anémones rose pâle, et surtout un magnifique poisson-clown. Némo habite donc Huahine. Il y a finalement, au milieu de tout ce sable, bon nombre de beaux coraux et de jolis poissons.

Que c'est beau la liberté.

Quel plaisir de se sentir ainsi affranchie.

Quel événement pourrait troubler une telle quiétude ?

Peut-être cette annonce sur Radio Polynésie ?

« Macabre découverte pour ce pêcheur de Toau qui a remonté dans son filet une tête très abîmée portant un étrange indice qui n'a pas manqué d'interpeller les inspecteurs de police de Tuamotu : un nœud coulant autour du cou provenant d'une drisse de voilier. »

Les carnets des voisins

Par Franck Antunes

Cette nouvelle est la plus fictive de ce recueil. La seule à ne pas avoir été adaptée d'un fait divers précis, et donc à avoir été totalement imaginée. Mais elle s'appuie néanmoins sur un phénomène psychosocial plus que réel et même courant, sur lequel l'auteur a voulu travailler.

Aussi, voici les explications de l'auteur, Franck Antunes, pour ses lecteurs :

« La source de mon inspiration, c'est la philosophe Sylviane Agacinski (épouse de Lionel Jospin par ailleurs), qui parlait des femmes qui se vengent de leurs maris lorsque ceux-ci perdent leur pouvoir, notamment avec l'âge, puisque les hommes terminent en plus mauvais état que les femmes. Elle concluait en disant que c'est un phénomène très courant, finalement. »

1ᵉʳ carnet (extraits)

J'ai tout vu.

Mais je ne peux rien dire.

Alors, je consigne, j'écris, j'ai toujours aimé ça, même sans sujet. Je tiens des piles de carnets que je répartis dans les pièces de mon terrier au gré des lieux de la dernière ligne. Je ne relis rien. Aucun intérêt. J'écris. Parfois, je ne fais qu'onduler de la plume en bizarres charabias sur le papier, rien que pour avoir le son de la mine qui se traîne.

Je suis un solitaire, je suis un homme malade, je suis un homme méchant. Un homme repoussoir. Voilà ce que je suis. Ma maladie, je n'y comprends rien, j'ignore au juste pourquoi je suis comme ça. De celle-là on ne se soigne pas, pour se soigner il faut toujours une intervention extérieure. Je n'aime pas l'extérieur, les autres, eux, tous. Voilà ce dont je souffre, alors je me barricade. Je respecte la médecine et les docteurs, ce n'est pas un problème, même la justice pourrait m'aider, mais je n'en veux pas. Je n'ai pas peur, ou seulement de ce que je ne connais pas, mais je suis superstitieux comme ce n'est pas permis. Je suis suffisamment instruit et cultivé pour ne pas l'être, mais je le suis. Sortir pour autre chose que me permettre de me sustenter, ou appeler à l'aide, me portera malheur, c'est certain. C'est probablement par méchanceté que je ne me soigne pas, je ne veux tolérer ni affronter ce monde. Je vous déteste. Et eux aussi, je ne les aime pas. Puisque je n'aime personne !

Ça, futur improbable lecteur, je parie que c'est une chose que vous ne comprenez pas. Moi non plus ! Évidemment, je ne saurais vous l'expliquer, mais c'est ainsi, une torture que je m'inflige, le contraire serait pire. C'est un peu comme si vous vous disiez : « J'ai mal au foie, tant mieux, qu'il me fasse encore plus mal au cœur. »

Et puis, il y a l'habitude, il y a longtemps que je vis comme ça, dans les vingt années. Maintenant j'en ai quoi, quarante, je crois. On est en quelle année ? Ouais, c'est ça. Quarante. Enfin, ça dépend quand je suis né. On s'en fout, ça doit être ça. Puisque je le veux ! Ce dont je me souviens bien, c'est qu'avant, j'étais un fonctionnaire, maintenant je ne le suis plus, évidemment. Rien à foutre du télétravail ! J'étais bien, plutôt disponible, je ne prenais pas de billet aux gens pour aller plus vite dans ma paperasse, vous comprenez, je souriais presque. Parfois, des camarades se rapprochaient de mon bureau pour me demander un renseignement, je grinçais des dents en guise de réponse et je m'amusais de leur étonnement, ou de leur peine pour les plus sensibles, pour les débutants, ou les vieux, ou ceux qui croyaient m'émouvoir avec leurs histoires de tasses à café. J'arrivais presque toujours à les décevoir.

Mais assez parlé de moi, je sens que ça vous intéresse ou vous étonne, alors décevons-vous. Je me tais à mon propos.

Mon seul vice avoué sera cette misanthropie guerrière couplée à cette furia à tout observer, fenêtres fermées, je suis là derrière les volets, je me ronge à les voir tous déambuler de façon si peu spontanée, ils passent comme les wagons d'une RATP-SNCFissée idéale. Un bruit, iiiiiiiiii, un portail, la voisine, un autre, grrgrrgrr, une voiture démarre, aucun retard, des cris, des portes, klongklongklong, les enfants suivent leur maman dans la mécanique froide, tchi-pouf-tchi, et les gens se pressent dans le bus. Ils sont nuls.

Ce carnet, mes notes, cette saloperie d'écriture, c'est ce qu'il me reste d'une vie acceptable, rangée, normale… mais qu'est-ce que la normalité ! Hein !

Ces carnets sont mes amis, décevants bien sûr comme toute amitié, parce que j'écris probablement mal, ça me fatigue tellement de me relire, et quand il m'est arrivé de le faire, ça m'a dégoûté.

J'ai eu un ami, une fois, mais j'étais déjà un despote confirmé. Je voulais une domination et une dévotion illimitée de son âme, je voulais lui inculquer le mépris pour le milieu qui l'entourait. Mais quand vous persuadez si intensément à la haine, quand vous éduquez à détester, rapidement, vous en êtes victime. On vous met dedans, ben voyons. Bref, passons.

Si vous lisez ces feuilles, vous apprendrez aussi à me fuir ou à me haïr.

Je ne fais qu'observer les gens et noter mes détestations en vigie avertie.

Mais vous ne parviendrez pas à vous venger de ma lubricité, vous venger de quoi, vous êtes pareils, et je ne suis que méchamment inoffensif, alors je ne crains rien.

2e carnet (extraits)

La plupart sont des velléitaires de la vengeance, peu savent le faire. Tout est affaire d'opportunités. Certains peuvent attendre longtemps sans même savoir qu'ils attendent. Mais, dès qu'ils sont possédés, disons, par la possibilité que cela puisse devenir une réalité, ou tout juste une possibilité, ils n'ont plus rien en eux que leur idée aussi longtemps qu'ils n'atteignent leur but. Une personne de ce genre vous fonce droit dedans à la moindre faille ; c'est la naissance ou l'épanouissement d'un sadisme, ce plaisir à créer de la douleur.

Pour ma part, je rêve de représailles, de rétorsions, de revanche, j'en bave par accoutumance de rabâchage, en imagine une suite chaque nuit. Mais deux obstacles se dressent devant moi comme des monts himalayens. Mon Everest est le nombre, personne en particulier ne cristallise mes ressentiments, je la disperse à tous, je hais en tartinant ma haine sur la totalité de l'humanité, je n'en veux pas assez à une providentielle victime pour lui faire réellement du mal. Mon Annapurna est ma couardise alimentée par mon rejet de tous. Vous approcher de trop près est impossible, le contact physique, une horreur, alors comment, comment vous étrangler ? Comment poignarder ? Un fusil ? Mais il faut rencontrer quelqu'un pour se le procurer. Je crois que je suis incapable de faire du mal… donc de me défendre. Un pauvre impuissant.

En fait, j'ai menti, je vous mens, et à moi aussi. Je ne crois plus détester les gens vraiment. Je crois que j'en espérais tellement que mon refus de l'humanité s'est cristallisé par une exigence trop haute, une idéalisation. Alors, elle me déçoit, mais elle me déçoit ! … Tellement… Immensément. Vous me manquez, tels que je vous désirais.

Je suis comme ces incertains qui ne foncent pas de peur des murs, les cornes ne sont jamais baissées. En fonçant, il n'y a pas moyen de rebrousser chemin… oh mais laissez une ouverture à d'autres ruminants, des ténébreux, juste un rai de lumière sombre, et les voilà partis. Des femmes martyrisées ou presque, malmenées, sûrement, peuvent être ainsi. Elles le cachent ; on ne le sait pas, mais sont à l'affût.

Elles ont de l'instinct de tueuse, n'en doutons point. Regardez, les chrétiens ont été martyrs, et dès qu'ils le purent devinrent d'excellents bourreaux ! De Sainte Blandine à Torquemada ! Avec un peu d'élan mais bien efficacement. Et d'ailleurs, cette lyonnaise Blandine, que les bêtes sauvages ne voulaient pas bouffer dans les arènes de Lugdunum, et achevée pleine de pleurs par ce légionnaire… que serait-il advenu si elle avait survécu et qu'elle croisait à nouveau son tortionnaire ? Oui, tiens, petite Blandine, tu le vois ton Brutus, à genoux, toi souffrante, pleine de morsures mais ce couteau à la main, lui, n'implorant pas, te défiant une nouvelle fois, une fois de trop, même avec beaucoup de foi, oh oui, je la vois bien peu immaculée, prête à l'émasculer… Tiens !

Tu quoque Brutus !

Prends ça, ça me fera du bien… tu l'as mérité !

Mérite-t-on ces choses-là ? Au nom de la vengeance, oui, peut-être pas de la justice, qui ne sont pas de même essence… allumette… feu ! Brûle ! Il n'y a jamais de justice dans une vengeance. Mais ça soulage.

Vous entendez ? Moi, j'entends. Il y a cette chanson de Ferrat qui s'évade de la maison d'en face.

Il paraît que le poète a toujours raison… J'entends le refrain à travers le papier peint des murs.

Le voisin écoute la chanson de Jean le Moustachu, sans croire le message angélique mais en se disant que c'est si vrai.

Il prend les paroles à contre-pied, la femme a les moyens d'égaler l'homme dans l'horreur et l'avenir lui permettra toutes les représailles. Enfin.

Il fait grincer les pieds de son fauteuil favori, dont il lui est si pénible physiquement de sortir, et songe à ce qu'il était. Bagouzes, chaînes en or sur son torse velu, pantalon patte d'eph, bottines, un Mike Brandt en plus épais, charmeur, infidèle, inconséquent avec ses enfants qu'il n'a jamais élevés, si ce n'est à coup de beignes et de ceinturon, oui ces hommes-là ont existé, ils étaient même nombreux, pléthore, mais peu reproductibles après l'effet de mode, rien de grave. Ils ont déambulé dans les années 80 en rouflaquettes plus tout à fait dans le vent, yeah, yeah ; les années 90 sont devenues celles des rombières, c'est ce qu'il leur restait, des veuves, des échangistes, des libérées toutes fripées, dans la décennie des médisances envers les jeunes qui recyclaient tout et n'inventaient rien, ahahah, ces cons ! Les années 2000 furent celles des putes et autres escortes suivant le niveau de classe faussement revendiqué. Marie, son épouse assermentée, ne disait rien, elle beuglait bien de temps en temps, sur le niveau de dépenses, ou qu'il était horrible, ou qu'il ne faisait rien pour l'aider, ou que ce n'est pas ça un homme, ou, ou, ou... Il sait bien qu'il n'a jamais eu besoin de lever la main sur elle, ou si peu, de temps en temps, de beignes à beignes passagères, juste une bousculade du torse, une torsion du poignet, il était trop fort, trop dominant pour en rajouter, un peu coupable, et patriarche façon protecteur, sans aucun doute sur ses forces, son charisme, la soumission qu'il inspirait, aidé par toute la société. Alors pourquoi en rajouter, surtout avec le risque de se voir basculer dans les ennuis, avec les voisins, la police, le regard de la famille, l'inculpation par ses fils, non, il n'avait pas la nécessité de trop frapper pour faire mal... Et puis, il avait besoin d'elle, il n'a jamais su faire à manger, ni le ménage, encore moins les courses, il n'avait pas le temps, le boulot, les maîtresses, les copains, l'alcool, les clopes et les bagnoles. Béhème, MerdeSS,

Audi-moi-comme-je-suis-beau. GTI ? Oh oui ! Des tas, avec des moteurs gonflés par puces reprogrammées. Puis vinrent les berlines vieillissantes et puissantes, toutes avec une dizaine d'années au compteur et des centaines de milliers de kilomètres dans les jantes, un peu casse-gueules mais joueuses, les gens étaient si cons d'acheter des voitures neuves… il n'avait surtout plus les moyens. Les métiers de manard, manœuvre, ouvrier expérimenté, pue-la-sueur, chef de chantier, grutier, oui, avec l'avantage d'être blanc, de surcroît, pour pouvoir mieux diriger les Portos, Espingouins, et autres Arabes… ça a eu bien payé mais ça ne paye plus. Parce qu'il ne pouvait plus assumer les nombreux déplacements, il ne pouvait plus, il était fatigué, et ça se voyait sur la fin qu'il en chiait, à devenir fainéant, parfois absent.

Le patron lui a offert en cadeau une retraite anticipée qu'il a bien fallu accepter.

C'est ce que j'ai compris par recoupement et triangulation.

Alors, il a bu, ce con, enfin encore plus. Sa dégringolade sociale l'a rabougri, il ne paraissait plus grand mais petit, plus épais mais malingre, c'est ce qu'il était en vrai, je veux dire physiquement. Son mètre soixante-dix et ses, même pas, soixante-dix kilos n'en faisaient pas un catcheur, mais sa voix, sa posture, sa présence impressionnaient. À sa belle époque, pour le décrire, un témoin aurait juré 1m80 et 80 kilos. C'est curieux, hein, comme l'aspect est tributaire de l'impression.

Poussé sur une mauvaise pente, on débaroule toujours trop vite. Comme pour le faire exprès, sur la route, les freins ont lâché, c'est ce qu'il a dit, mais il n'y aura pas d'enquête du FBI. Juste après le péage de Vienne, il avait accéléré à fond dans le bruit rauque du pot d'échappement fuyard. Le virage en descente, un peu de pluie, une limitation à 110 non considérée, un coup de freins, youpie, toupie !

Il s'en est sorti par miracle. Pas pour lui le miracle, pour elle.

Parce que lui était encore plus cassé et dépendant.

De qui ?

D'elle ! Mais oui, d'elle.

Il ne pouvait même plus chasser, cette sortie de virilité qui lui correspondait parfaitement, braillarde, impopulaire, dominante, ancestrale surtout, permettant de « remettre l'église au centre du village de la société ». Pour lui, l'homme servait à ça, chasser, ramener la viande à la maison, chasser, ramener les femmes à la maison, chasser dans les deux cas avec son gros fusil, extension de tout ce que vous pouvez imaginer.

Ce n'était pas un prédateur, la prédation sert à se nourrir ou est un vice. Il prenait simplement sa part sur toutes choses, celle qui lui revenait par son seul désir de domination.

Elle n'avait qu'à dire merci pour l'argent qu'il faisait rentrer et qui l'autorisait à dépenser, pour la chair sauvage qu'elle peinait à rendre comestible, pour les vantardises qu'il proférait et dont elle se réjouissait par ricochet, elle était la femme d'un bonhomme, d'un mec, d'un dur, d'un tatoué d'une ancre sur l'avant-bras pour 6 mois de marsouin (troupes de marine) à Brest, il en parlait comme un vieux bourlingueur de toutes les tempêtes des quarantièmes rugissants, fustigeait les « fiotes » incapables de suivre ses péripéties, les « pitaines pétochards », et tout ça, tout ça... Il fallait le croire, oui, bien obligé, la vérité se mesurant en décibels pour ces hommes-là, ça pouvait gueuler fort, la bourrasque, « comme à Sainte-Hélène que tu n'as pas connu, toi »... lui non plus mais tant pis, on fera comme si. Les incartades avec des femmes faciles, les crades en chaleur des rues infâmes devenues Tahitiennes des mers chaudes, n'étaient pas même occultées. Pour Marie, il fallait faire avec.

Elle n'était pas à plaindre ; dans ces années-là, quelle gloire d'être la femme d'un tel mâle.

Mais il n'est plus chasseur, a perdu tous ses flingues : les réels, les imaginaires, le symbolique d'entre les jambes.

Il ne braconnerait plus les terres, les marais, les mères et leurs filles, mais ne savait pas encore qu'il allait devenir gibier.

Ça se voit, c'est marqué, il est maintenant dépenaillé, comme ces volatiles pourchassés, les plumes de travers, l'œil aussi fatigué que craintif.

Il ne porte plus beau comme il fut. Il n'est même plus un vieux beau. Avec sa casquette, sa canne, sa maigreur tremblotante, ses cheveux épars, il est juste vieux.

Elle, est restée bien-portante, dynamique, avec sa tête de grignette et son corps charpenté masqué sous les napperons, elle a pu se grandir, en fait, s'affirmer. De fait, elle est grande, forte, vigoureuse, imposante avec son mètre soixante-quinze et ses 80 kilos. Elle ne le savait pas jusqu'alors. Les siècles de domination apprise l'avaient persuadée d'être craintive, sa dévotion l'a confirmé. Tout cela a volé en éclats avec ce pare-brise, cette lettre de pré-retraite, et sous l'action lente des citernes d'alcool et des tombereaux de cigarette qui ont matraqué la puissance de son mari, sa position sociale aussi. Il était l'aboyeur de chantier, le cadre supérieur à tout ; il n'est qu'un retraité qui ne sait rien faire. C'est elle qui fait tourner la maison, qui gère les papiers, qui sait tout, qui est restée alerte et déterminée.

C'est donc elle qui fait entrer le pognon, par les ménages qu'elle continue à prodiguer pour son bien-être, par les subsides de l'État qu'elle sait percevoir, ces aides sociales compliquées et insoupçonnables pour le quidam, les prestations diverses qu'il faut savoir chercher, elle sait tout, manie l'ordinateur en experte, les rendez-vous avec les organismes pas si compétents, les nouvelles exemptions, elle maîtrise le budget ; lui ne sait plus rien, est inadapté, bien incapable de suivre ce monde qui ne ressemble plus beaucoup au sien, il s'en remet à elle par incompétence crasse. Il a bien pris conscience qu'il ne sert à rien de gueuler contre un PC, qu'il n'a donc plus son mot à dire face aux acronymes étatiques et modernes dont il perçoit la puissance qui le dépasse.

Pierre, puisque c'est son nom, est maintenant à la merci de sa femme socialement bien plus que physiquement. Mais ce qui encombre le plus son égo trop gros (ce n'est jamais à la bonne dimension cette chose-là) est son manque de force, de puissance, actrice et musculaire, qui doit, dans son esprit retors, caractériser un homme.

Cette faiblesse, plus grande dans sa psyché qu'en réalité, à l'instar de celle perçue par sa femme quand elle se sentait écrasée, est venue progressivement.

Mais ça y est, il ne peut plus s'imposer, se plaint, s'affaiblit, se rend dépendant ! Marie en profite, en joue, elle l'écoute mais ne fait pas, ne l'écoute plus, le rabroue, et vint la première claque ! Vous l'entendez ce son de la chair flasque détendue par-dessus le corps creux de la bouche (claque !) ? Oui, vous l'avez, la gifle, tout le monde en a une en tête.

(Claque !)

Elle avait besoin de ce bruit pour se le prouver, se défaire des chaînes, ou alors elle cachait peut-être un fond mauvais.

Le tocsin du moment de la vengeance a retenti !

La justice ne va pas de soi, elle n'est pas naturelle, elle est issue d'une réflexion, de compromis, animée par des pensées philosophiques ; tandis que la vengeance est un sentiment, elle est viscérale, instinctive, pas animale mais tellement humaine. Passionnément humaine !

Souvent, la confusion est totale entre les deux mots pourtant si opposés.

3ᵉ carnet (extraits)

Les premières gifles, je les ai volées ainsi. J'ai été pris de court, je ne sais pas trop comment ça a débuté. Ça criait, encore, alors j'ai entrouvert les volets, et j'ai fixé l'obscurité glauque de cette neige mouillée qui tombait en flocons fragiles et ridicules. C'est un temps à espionner, où personne ne sort ni ne regarde à l'extérieur.

Je me suis mis au sonar, comme dans les sous-marins, à l'écoute des sons avec des oreilles d'or, en essayant de deviner le début. Mais qu'importe.

C'était excitant.

Ça faisait :

— Tu m'as trompée ?

Après un temps de difficulté pour que les mots sortent, elle a renchéri :

— Tu m'as trompée ?

— … Enfin… tu le sais bien…

— Pourquoi es-tu resté malgré tes coucheries, tes amours, ou je ne sais comment il faut appeler ça, ce bordel, cette chasse permanente ?

— … Tu le sais… aussi…

— Pourquoi ? … Dis-le-moi.

— …

— Dis-le…

— …

— Ne te cache pas derrière tes difficultés. Crache !

— …

— Dis !

— …

— Ne me fais pas attendre ! Je n'ai plus la patience de jadis !

— …

— Dis-le ! Mais dis-le, bordel ! DIS-LE !

La gifle a fendu l'air, rapide, sèche, sans aucune défense. (Claque !)

— …

— Ça, c'est pour une certaine Cécile ! Tu croyais que je ne le savais pas ?! Je vais te raviver la mémoire et te délier la langue ! Tiens, voilà ! (Claque !) C'est pour Isabelle, aussi ! Et Hélène ! (Claque !) Je vais te dire pourquoi tu es resté : pour ton image, auprès de tous, parce que tu veux qu'on ne voie que toi, en Môssieur Parfait, parce que t'es trop lâche pour avouer qui tu es, pour la popote aussi, bien sûr, c'est tellement plus simple, le steak est trop cuit mais il est là, je suis bonne à rien mais bien bobonne ! Parce que tu n'assumes rien ! Parce que t'es trop con ! Et moi trop conne ! Tiens, ça c'est Nathalie ! (Claque !) Et Nathalie ! Il y a bien dû y en avoir deux ! (Claque !) Ou quatre ! (Claque ! Claque !) Elles allaient par paires, les Nathalie ! Il y en avait plein ! Ça pullulait ! NATHALIE ? Oui, c'est nous ! (Claque ! Claque !) Oh, et puis Sylvie ! (Claque !) Tu les aimais bien les Sylvie ! Tes potes, ces ivrognes, ces braillards, ne devaient même plus savoir de quelle Sylvie tu parlais ! (Claque !) Sylvie ? Sylvie ? (Claque ! Claque !) Ils devaient se fendre la poire, tes potes, en se foutant de la mienne ! Sylvie la brune ? (Claque !) Ou la blonde ? (Claque !) Ahahah ! Qu'est-ce qu'on se marre ! Sauf quand j'étais là et que je rôdais devant le bar, là ça pouffait ! Oh, la pouffe ! (Claque !) Et toi, tu laissais dire ! … Tu contestes ? Quoi ?! Qu'est-ce que tu veux dire ? Oh mais oh, ne te plains pas ! (Claque !) T'as rien à dire ! Tu fais comme j'ai fait pendant des années, tu prends les coups, les insultes, les humiliations et tu la fermes ! Regarde, facile ! (Claque !) Tu n'as pas intérêt à pleurer ! Ni de tenter un regard méchant ! (Claque !) Ni de hausser le ton. Tu rougis de la gueule, c'est tout ! (Claque !)... On en était où ? Ah, oui, j'allais omettre Sandrine ! (Claque !) Oui, comment l'oublier ? Tu te souviens ? La salope ! Parce que pour toi, c'était toutes des salopes ! Même moi ! Mais pas de la même race ! Il y a les salopes qui repoussent et celles qui attirent ! Qui sentent le sexe ! Alors que moi, je te faisais honte ! (Claque !) Je voulais juste que tu me reviennes un peu, que tu me regardes avec envie comme pour les autres que tu baisais. Que tu sois rien qu'un peu le charmeur que tu savais être. Alors, je me déboutonnais un bouton du chemisier, comme ça... Et vlan, j'étais une salope pour toi ! Indigne d'avoir tes enfants ! Les autres pouvaient pourtant en enlever autant qu'elles voulaient ! Tu plongeais dans les nénés ! La tête dans les roploplos ! Les salopes sexy ! Vulgaires, oui ! (Claque !) Mais moi, rien ! T'es qu'une salope, tu disais, rhabille-toi ! Oui, moi je voulais être un peu plus attirante pour toi ! Que tu me fasses comme à elles ! (Claque !) Ça, c'est pour la voisine Virginie ! Tu crois que je ne savais pas ?! Mais tout le monde le savait ! Elle gueulait si fort ! Et toi aussi, des râles d'ours bien léché ! J'étais derrière la porte, le sais-tu ? Je croisais les voisins en baissant les yeux, ils ricanaient en me voyant, parlaient à voix basse, alors je me réfugiais seule... Avec tes mômes... Salaud ! (Claque ! Claque ! Claque ! Claque !)... (Claque ! Claque ! Claque !)... Sainte-Marie mère de Dieu, je t'ai tellement priée, merci, merci, merci, de me donner ce moment. Bon... voilà... on va se coucher, on est bien fatigué maintenant, tu saignes à peine, me regarde pas comme ça, voilà, tu vois, ça arrive de prendre des torgnoles sans pouvoir riposter. On dira que tu développes ton côté féminin. Ahahah...

4ᵉ carnet (extraits)

L'observation devient passionnante, pensez donc !

Fini la monotonie, à partir de ce jour, plus de petites mesqui-neries à rabâcher, pas de commentaires à cancaner à la façon des commentateurs de foot en présence de Playmo-Bill tout lisses, maintenant, c'est du sang, de la chique et du mollard !

Il faut que je vous dise comment je fais pour les voir. C'est savoureux.

Ma vue donne sur leur jardin. Il est nul leur jardin de fleurs fanées, d'arbustes rabougris. Il est tout petit. Dans ce lotisse-ment aux maisons se surplombant les unes aux autres, à l'instar d'une forêt vierge aux espèces grimpantes en terrasses de végé-tation jusqu'à la canopée, mes volets, s'ils contre-plongent sur leur carré de bout de verdure, s'entrouvrent surtout sur leurs fenêtres. De la baie vitrée découvrant le salon à esclandres, à la furtive chambre à coucher, si je me tords bien le cou. Ah, j'en ai vu des galipettes… Quel spectacle ! Quelle horreur… Enfin, ça dépendait surtout de la qualité artistique des partenaires Klee-nex et Escort de ce brave ex-macho.

Ainsi, je suis tombé sur une autre scène, digne de Rigoletto, ou de Carmen, parce qu'il faut vous dire que Marie n'est pas loin d'une soprano quand elle entonne son sole mio.

***

— Comment elle s'appelait l'autre branleuse ? Oui, branleuse, parce qu'elle ne devait pas mettre la bouche, cette bourge ! Hein, elle s'appelait comment la rouquine propriétaire du pressing… Tu vois, je peux être vulgaire, je ne suis pas si coincée. Tu y allais si souvent au pressing ! Pas pour rien ! Pas toi ! Il faut de la rentabilité dans l'investissement ! NATACHA ! (Claque !) Tu vois, ça me revient ! Et la boulangère ? Elle avait de belles miches la boulangère ! On se marre, non ? Ca-ro-line ! (Claque ! Claque ! Claque !) T'étais fier, là. Ils la voulaient tous, mais c'est toi qui l'as eue ! Alors, tu l'as raconté à tout le monde ! La pauvre, il a fallu qu'elle démissionne, les mégères lui faisaient le mauvais œil ! Les connes ! Et toi, tu paradais ! Elle a téléphoné à la maison, j'ai décroché, elle pleurait, a tout balancé ! Je n'ai rien dit. Rien ! Je lui en voulais mais j'étais tétanisée. Je préférais les non-dits, que ce ne soit pas trop voyant… peut-être que j'étais un peu fière de toi… non mais tu te rends compte ! (Claque ! Claque !)… Tellement j'étais endoctrinée ! (Claque !) J'allais oublier de te gifler… je parle, je parle, je me replonge dans les souvenirs et je deviens comme à l'époque, molle. Mais c'est fini ça ! (Claque !) J'ai le coup de main, maintenant ! (Claque !) Il faut dire que je me suis entraînée sur les enfants ! Tes enfants ! Toi, je ne pouvais pas… mais eux, quand ils me faisaient chier et qu'ils prenaient ton air… oui, celui-là ! Pan ! (Claque !) Fallait bien que je sois le père aussi, puisque tu n'étais pas là, et un père ça frappe, n'est-ce pas ? (Claque !)

Cette fois-ci, je n'ai pas entendu les réponses de Pierre, sa voix grave ne passe pas toujours le double vitrage. S'il a répondu… C'est devenu une bonne viande de frappe… Il se résigne, se dégonfle sous les coups de sa femme dont la présence s'épaissit. Et puis, elle a fermé les rideaux.

Ça m'inquiète tout de même, et si elle commençait à se douter de ma présence furtive ?

De quoi est-elle capable après cet entraînement qu'elle mène durement ? Méchamment.

Un homme, une femme, qui prend goût à la torture, jusqu'où peut-il, elle, aller ? Dans les camps nazis, les surveillantes n'avaient pas plus de limites que les kapos. Les procès ont rarement été instruits, par manque d'imagination des juges, mais les témoignages abondent. Une femme placée dans les mêmes conditions de supériorité qu'un sadique devient tout aussi bien tortionnaire. Égalité totale ! Il n'y a même pas besoin de revenir si loin dans le temps, plus près de nous, les GI-Jane du camp de Guantanamo, ou des basses prisons iraquiennes, sont tout aussi souriantes sur les polaroïds en compagnie des prisonniers cagoulés qu'elles humilient. Ça donne à réfléchir, et je ne suis pas plus en forme physique que Pierrot le matraqué si jamais il prenait l'idée à sa mégère de rôder dans mes parages.

Marie commence à exercer sur moi une véritable fascination. Il émane de sa banalité une violence et une haine, un abus de position dominante, qui me rebute autant qu'il m'attire par sa gravité.

Cette voisine déteste les hommes et les femmes, je crois bien que je l'adore horriblement.

6ᵉ carnet (extraits)

Oui, le jeu devient de plus en plus excitant car dangereux. Il met en scène la mort, on la sent rôder… C'est tout de même ce qu'il y a de plus passionnant, non ?

Pendant plusieurs jours, tout fut trop silencieux, j'étais déçu, je prenais de plus en plus de risques pour observer, je suis même sorti dans la rue pour errer autour de leur villa à la recherche d'autres ouvertures.

Ainsi, devant la fenêtre de la cuisine, entre les volets mi-ouverts, pendant qu'il était assis sur sa chaise, semblant fatigué, la cantatrice lui tournait autour pendant qu'elle chargeait joyeusement le lave-vaisselle.

— Tiens, je t'aime, tu vois, très fort, et je te torture parce que je t'aime, n'en doute pas. Qu'est-ce que la haine si ce n'est une forme d'amour inversée, je te hais aussi parce que je t'aime, je t'ai toujours haï puisque toujours aimé. Comprends-tu ? Ferme ta gueule ! Il faut que tu sentes ça. Tu sais qu'on peut torturer quelqu'un exprès par amour ? Les femmes surtout. Nous réfléchissons bien mieux puisque nous devons être patientes, toi tu m'as torturée sans que tu le saches, presque par insouciance ou par normalité, instinctivement, tu ne m'aimais même pas assez pour être cruel. Pour l'être, il faut apprécier la douleur de l'autre, il faut qu'il y ait une raison, des motifs, l'amour, la haine, la rancune, la vengeance. Toi, pauvre bêta, tu n'avais que la force, ton ego et ton indifférence. Tu n'as jamais su te délecter de ta puissance, tu l'as toujours eue, t'as cru que c'était normal et naturel. Moi, j'en apprécie tous les contours, je m'en délecte. Regarde, ma main fait l'avion, brrrrrrrr, ouvre la bouche ! (Claque !) T'as vu l'avion dans ta face ? Tiens, au tour de la jumelle ! (Claque !) Revers ! On appellera cette série Ze World Trade Center ! Deux jumelles ! Tu l'as la blague ? Drôle, non ? Rigole, bordel ! (Claque ! Claque ! Claque !) Dis, je peux bien me le permettre, après tout ce que je t'ai donné. Mais, je me pose la question, vois-tu Chéri, vais-je encore t'aimer ? Quand tu n'auras plus de valeur pour moi, juste un souffre-douleur, une baudruche, que tu ne sois que mon punching-ball, comment, mais comment t'aimer assez pour que tu me donnes ce plaisir de la torture ? Soit cela me donnera l'envie de m'occuper d'autres ; et pourquoi pas dans un EHPAD ? Soit de me débarrasser de toi, dans un acte encore plus fou ? … À un moment, tu ne vas plus me servir à grand-chose. Tu n'auras été qu'un marchepied, mon Chéri… Ne sois pas triste et mange-toi celle-là ! (Claque !) Regarde, grâce à toi, la maison est devenue agréable pour moi, enfin, tu fais ma joie, qui l'aurait cru ? C'est bien, c'est gai, c'est calme juste après, c'est honnête, pas de trahison, chacun sait ce qui va arriver, pas de jalousie, tu ne t'échappes plus, je suis là pour toi. Ne serait-on pas devenu un couple parfait ? Je n'ai pas besoin de courir dehors, en pleine nuit, en cachette pour te suivre, ni à fouiller dans tes affaires, dans tes poches, je dors très bien, tu te rends compte ? Mon cœur ne se serre plus, pas d'angoisse. (Claque !) Je fais même mon sport grâce à toi ! Un ! (Claque !) Deux ! (Claque !) Un-deux-un-deux ! (Claque ! Claque ! Claque ! Claque !) Tu es un mari formidable ! Tiens, je vais me coucher. Bisous ? (Claque !) Eh non ! Oh, je le sais que ce n'est pas bien. C'est ce qu'en diraient les voisins s'ils nous voyaient. Surtout l'autre… Mais personne ne voit tout ! On pourra dire que c'est une dispute, ou une réconciliation, il suffit de s'accuser ou de se pardonner. Ils comprendront, ils font tous ça. Mais c'est mieux que personne, non personne, tu m'entends ? PERSONNE ! (Claque !) Ne le sache. On peut bien avoir nos secrets pour une fois. L'amour, c'est un mystère de Dieu, il peut bien fermer les yeux comme il l'a fait sur toutes les saloperies dans son église ! C'est plus sacré quand c'est secret, à cause de tout ça, c'est mieux. Il ne dit rien, et lui il continue pendant qu'on le prie, ça me semble bien comme ça. Et si l'amour est là, au départ, si l'on se marie sous sa protection, pourquoi y aurait-il des interdits ? HEIN ! (Claque !) Il n'y aura pas moyen de se sauver, nous serons bannis au paradis, c'est certain.

Alors là, j'ai filé !

C'est devenu très inquiétant, cette femme est déterminée ou possédée, je ne sais pas, je ne sais plus rien… et je crois bien qu'elle fait sa représentation comme un spectacle, pour un public, et je suis celui-là. Pendant sa diatribe, elle a regardé partout mais pas vers la fenêtre, à l'instar des acteurs qui évitent la caméra parce qu'ils jouent pour elle.

J'ai la frousse de ce que je vois, de ce que je distingue, de ce qu'elle montre comme cruauté autant que sa manière d'y exceller.

7ᵉ carnet (extraits)

La femme, à travers elle, se dévoile enfin, elle sort des archétypes qui ne sont pas féministes mais masculins. La féminité ne revendique pas une exaspération de la gentillesse, ou de la compréhension et blablabla, toutes ces fariboles ! Ce sont les hommes qui ont inventé ce fatras pour mieux la cantonner, et que rien ne déborde ni ne dépasse.

Parce que la femme éducatrice de la pitié, oui, je connais l'antienne, c'est fort employé dans une certaine littérature et dans les cours de morale télévisuelle. Mais, vois-tu, toute son histoire et son rôle dans la nature et dans la société démontrent que cette proposition est purement romanesque. Alors, hein, pourquoi les femmes courent-elles aux spectacles sanglants ? Pourquoi pratiquent-elles des sports brutaux, avec une frénésie qui, les mains devant les yeux pour se cacher tout en regardant, ne doit leurrer personne ? Pourquoi dans la rue, au théâtre, dans les films, à la Cour d'assises, elles courent, courent ? Pourquoi crient-elles à la guillotine au moindre enfant qu'on viole, à la moindre main aux fesses ? Pourquoi ouvrent-elles des yeux avides aux scènes de tortures allemandes dans des récits nazis, jusqu'à éprouver l'affreuse joie de la mort ? Voilà bien, elles en sont capables, et pourquoi non ? Pourquoi le seul nom d'un meurtrier amerlockien dans une série Netflux attire plus de femmes que de bonshommes devant l'écran, en six épisodes, qu'elles trouveront invariablement trop fades ? Elles en sont plus que capables, car elles commencent par le rêver !

Tu le crois ?! Allons donc ! Elles sont les égales en toutes choses, en horreur aussi. Elles attendent leur tour, voilà tout. La femme verseuse d'idéal et de compréhension sert de paravent.

Mais les crimes voulus, les plus atroces, sont aussi l'œuvre des femmes. Elles les imaginent, les combinent, les préparent, les dirigent, pour des répétitions générales bien utiles lorsqu'elles passeront à l'acte, on ne sait jamais. Si elles ne les exécutent pas toutes de leurs mains, on retrouve la méticulosité, l'implacabilité, la débilité commune à toutes les Agatha Christie. Je ne les calomnie pas, je donne peut-être des exceptions pour des généralités. Mais le meurtre, s'il est souhaité de tous à de nombreux moments de notre vie – combien de fois avez-vous souhaité la mort d'un simple voisin bruyant – n'a rien d'une exception virile.

Ce sont les stéréotypes masculins qui idéalisent les femmes. Les gardiennes étaient nombreuses dans les camps de concentration nazis et peu furent condamnées. Sur plus de 3 500 pratiquantes insatiables SS, 77 seulement connurent un jugement, pour des peines ridicules, cinq ans à peine pour Hildegard Lächert surnommée Brigitte la Sanglante. Pourquoi ? La défense évoquait immanquablement qu'en tant que femme, elles ne pouvaient commettre de tels actes. Et ça marchait !

Ça marchait…

10e carnet (extraits)

Je n'avais jamais connu ça, c'est ainsi que j'ai commencé à injecter mes nuits de crises d'angoisse. La situation me sautait au visage et je me trouvais l'amant des deux, complice de l'une, complaisant de l'autre, coupable que l'un ou l'autre me démasque et me punisse ou me demande de l'aide. Quel serait le pire ?

Et cette alarme qui sonne toutes les nuits depuis une semaine…
Impossible de dormir ni de rien voir. Comment voulez-vous vous reposer, récupérer un peu du stress ? Le son strident se mélangeait à mes cauchemars, les triturait pour apporter une bande-son où je me devinais coursé par une harpie au grand couteau, avec les bras de son mari autour de mes jambes pour un placage avant de me supplier. Mais lâchez-moi !

Je n'osais plus m'approcher des volets ni les ouvrir, je fermais toutes les portes à clef, intérieur comme extérieur ; si j'avais pu, j'aurais mis un verrou au réfrigérateur au cas où ils viendraient par le freezer ! Chaque bruit me faisait sursauter, chaque grincement me coûtait une goutte de sueur, j'éteignais la télé, la radio… j'étais déjà mort, je vivais mon expiation.

C'est ce silence mortifère qui m'obligea à choper une conversation qu'ils tenaient dans la saleté touffue de leur jardin.

— C'est toi ces alertes la nuit ? …
— …
— Tu sais bien que la maison est sous alarme, alors pourquoi ? Tu veux m'emmerder ? Ça ne me fait rien, tu sais.
— …

— Alors avoue, c'est toi ?

— …

— Je sais que c'est toi. Je le sais. Ne nie pas, tu m'énerves quand tu nies. Tu m'énerves !

— Et alors ?

— Et alors ?! Mais sais-tu que si j'attrape un rôdeur qui s'introduit chez moi… je peux très bien le tuer sous l'effet d'une grande frayeur… Ça se voit dans les tribunaux, ça s'entend très bien.

— Et alors ?

— …

— …

— Ah, je vois. Je vois. Tu veux mourir ? Tu as raison, c'est mieux pour toi. Tu as toujours su ce qu'il te fallait. Tu es un esthète, comme tu leur disais. Bien faire les choses, c'est ton truc.

— …

— Oh, ne me tente pas, Pierre, ne me tente pas. C'est excitant, la tentation. Comment il disait déjà l'autre chevelu dont tu aimes tant te vanter devant ton parterre de salopes ?

— Oscar Wilde. « La meilleure façon de résister à la tentation, c'est d'y céder. »

— C'est débile ! Ça n'a pas marché avec toi !

— …

— Pas si bête que ça si on y réfléchit. Pour se dégoûter d'une chose horrible, autant la faire pour s'écœurer. Tu vois, je philosophe grâce à toi ! Tu es trop fort, mon Chéri.

— …

— Ne cligne pas des yeux comme ça quand je m'approche, il y a trop de monde, je ne te ferai rien… Tout à l'heure, sois patient, tranquillement… Là, je n'ai pas envie, je réfléchis. Viens, on rentre.

Alors, là ! Alors, là ! Mais ils sont fous ces deux-là ! Non mais quoi !

Ils ne vont tout de même pas verser dans l'assassinat suicidaire !

Dans l'attente, le soir est inexorablement arrivé, j'étais aux aguets. Il est sorti à petits pas en pleines ténèbres, digne, a soigneusement ouvert la porte-fenêtre qu'il avait préparée à cet effet. L'alarme a hurlé, il était devant l'embrasure, droit et résigné. Marie est descendue avec le fusil de son mari.

Il a parlé à voix basse, mais curieusement, mon ouïe acérée a tout entendu.
— C'est moi…
— Je le sais.

Elle a hurlé fort, à plusieurs reprises, horrible, comme une alerte au napalm, la lumière d'une fenêtre en face s'est allumée, puis une deuxième…

Alors :
PAW !

Un seul coup.
En pleine poitrine.
Puis elle a pleuré.
Des voisins ont accouru.
Je suppose qu'il était trop tard.
Une cartouche à sanglier ne fait pas de quartier.

Elle a regardé alentour derrière ses fausses larmes, a fixé mon volet. Le vent a soufflé. Soufflé. C'était celui de l'effroi.

Je crois que je suis terrorisé.

Par Franck Antunes

Carnet d'un autre voisin (fin)

Bien plus tard, des inspecteurs sont entrés chez le voisin. Des gens, des anonymes, des curieux, des mouchards, que sais-je, des citoyens mitoyens, des sympathisants des affaires des autres, voire des proches soucieux du devenir d'un héritage, s'étaient inquiétés de sa disparition sans pouvoir indiquer une date précise.

Cette fois-ci, ce n'est pas moi qui ai cafté.

Ils sont entrés après des avertissements, sommations, pour terminer par défoncer la porte.

L'intérieur était crade, mais crade, sans aucun doute abandonné précipitamment. Les cadors n'étaient pas des Columbo mais la lumière éclairée des chiottes et le bout de repas moisi qui traînait sur la table avaient avoué.

Ils cherchaient des indices, du sang, des larmes d'événements, une lettre, un truc…

Étonnamment trônaient des cahiers, gribouillés, nombreux, couverts de délires. À ce qui se raconte. Il faut bien dire qu'ils les ont passés en revue à la vitesse de défilement d'une balle de fusil. Ils n'aiment pas trop lire ces zozos.

Ils sont restés longtemps. Puis ont embaumé les entrées de scotches pour bien nous inquiéter. Vous parlez si on en a parlé dans le voisinage. Après le drame du mois dernier, ça fait beaucoup.

Une nuit, je m'y suis introduit. La curiosité est un vilain défaut et ce n'est pas le moindre des miens. J'ai éclairé avec ma lampe de téléphone, je portais des gants. Ils avaient embarqué tous les papiers et cahiers. Sauf celui-là qui était à moitié déchiré et me regardait du coin du rabat. J'ai commencé à le lire par la fin. Je commence toujours mes lectures par la fin, la fin justifie les moyens que je me suis donnés pour l'accaparer. Je suis un anticonformiste qui se cache. Je le sais bien que je suis bizarre, mais j'ai l'air tellement normal que ça rassure tout le monde, même moi.

J'ai entendu du bruit, un rat ou un indiscret, je ne sais pas, j'ai juste eu le temps de prendre en photo cette page que je recopie avec les mots raturés.

« Elle sait que je sais et je sais qu'elle le sait. Je n'en ai plus pour longtemps. Je suis sans défense. Je ne peux appeler personne, je ne connais personne.

La femme est l'égale de l'homme, sans conteste, quand on lui en donne l'opportunité. Et comme tout être humain, lorsque le rapport de force est outrageusement en sa faveur, elle peut, sans qu'on l'y pousse, égaler l'homme dans l'horreur. Ce qui est la démonstration irréfutable de son égalitarisme.

~~Mais il y a un espoir, le poète n'a pas toujours raison.~~
~~La femme n'est pas plus l'avenir de l'homme que l'homme~~ ~~n'est l'avenir de rien...~~ »

Mémoires d'un kimono

Par Jean-Hughes Chevy

Ce récit s'inspire librement de l'affaire Kaori Mihashi, une Japonaise condamnée en 2008 à 15 ans de prison pour avoir tué à coups de bouteille, puis découpé en morceaux son mari qui la battait.

<u>Mari violent coupé en morceaux - 20 minutes</u>

L'air inerte d'un été quasi tropical. La ville confite de canicule. Goudron, béton, buildings, murs vitrés… l'œuvre du cocktail asphyxiant des grandes agglomérations.

L'hôtel de la police métropolitaine se tasse sous le soleil vertical. L'immeuble date des années 50 : un bloc de trois étages, monté en pierre de taille grise, aux fenêtres hautes et étroites. On y entre par une arche ouverte sous le porche, un carré massif de teinte plus claire, posé en avancée sur la façade. Après le sas, seul un couple de touristes bruyants encombre le hall d'accueil. Les agents en uniforme vaquent avec une sérénité que leur envieraient beaucoup de leurs collègues occidentaux. Leurs visages encore cachés derrière le masque FFP2 blanc.

Une aïeule toute frêle, comme sortie d'un film de Kurosawa, se présente en ce début d'après-midi, affichant un sourire crispé. Ses Nike Air orange fluo attirent l'attention, sous le kimono gris en coton simple, fermé d'une ceinture *obi*. Sa figure est ronde et ridée, son cou fripé, mais sa nuque tenue et son regard énergique démentent cette allure folklorique de *bonne maman*. Une fonctionnaire la prend en charge avec force courbettes, et la guide dans le dédale de couloirs jusqu'à une porte où elle l'invite à entrer.

Inspecteur Irekeda – le nom sur le battant. Elle n'en voit qu'une tignasse de cheveux noirs. Assis à son bureau, la tête penchée sur son bol, il ingurgite une soupe de nouilles avec les baguettes dans la main droite, feuilletant un journal de la gauche. Absorbé par sa lecture. Il remarque du coin de l'œil la mauvaise humeur de l'ancêtre, mais il n'en a cure.

Elle tousse :

— Hum hum…

Il avale sa gorgée d'un *slurp* discret. Son visage émacié à la bouche amère lève sur l'arrivante un regard interrogatif.

— こんにちは (*Konnichi wa*). Bonjour, désolée d'interrompre votre travail, ironise cette dernière, tout en faisant mine de s'excuser.

— Bonjour, répond le policier, je termine toujours ma pause déjeuner avec les haïkus du jour, de l'*Asahi Shimbun*. Écoutez celui-là :

Nuit d'été
je me rafraîchis à l'ombre
de la pleine lune

— Pas mal. Je me présente : madame Inoue Yamaguchi, du quartier de Nakagyô. J'ai vu construire dans mon enfance ce bâtiment de police où nous sommes. Pourtant, c'est la première fois que j'y entre. Comme vous, mon défunt époux lisait beaucoup de haïkus. Je l'ai perdu il y a plus de vingt ans…

— Bienvenue, Yamaguchi-san.

En japonais, le *san* de politesse suit toujours les noms de personnes.

— Inspecteur Irekeda. Désolé pour monsieur Yamaguchi. Que puis-je pour vous ?

Du geste, il la convie à s'asseoir. L'arrivante doit avoir au moins soixante-dix ans, voire quatre-vingts. Elle précise son adresse, ainsi que l'objet de sa démarche : elle vient déposer une plainte.

Elle est restée attachée à ce quartier de Nakagyô, commerçant, animé, proche de la préfecture et de l'ancien Palais Impérial, où feu Yamaguchi-san tenait la principale agence immobilière. La rue où elle habite est l'une des rares artères typiques, avec des rez-de-chaussée ornés de calicots aux couleurs vives sous le ciel encombré de câbles électriques. Une voie très appréciée des touristes. Elle pose un livre sur le bureau : *Mémoires d'un kimono*, de Kinu Masashi.

Le cliché de couverture représente une jeune femme en costume ancestral sur un fond sépia. Visiblement celle du *jour des vingt ans.* Photo traditionnelle prise au vingtième anniversaire d'une Japonaise qui entre dans l'âge adulte. Elle porte avec superbe l'un de ces kimonos de soie claire qu'on appelle *furisode*, dont les longues manches tombent jusqu'aux genoux. Une scène maritime décore le vêtement, avec bateau, nuages, océan… et son buste est serré dans une large *obi* au motif écarlate ouvragé de fils d'or et d'argent. Elle se tient bien droite sous le chignon orné d'une fleur de lotus. Un maintien aristocratique. Elle arbore un sourire pincé légèrement asymétrique, une expression condescendante dans le regard. Un visage dont l'inspecteur se souvient vaguement.

Sur la quatrième de couverture, il lit : « Je n'étais plus qu'un *kimono*, cette sorte de femelle moitié vagin, moitié serpillière, dont les mâles ont tant besoin pour les rassurer sur leur virilité. Pourtant, j'aurais voulu être avocate. Malheureusement, mes parents connurent une mauvaise passe, et m'ont mariée par intérêt. Cela m'a remplie de colère. Je maudissais le sort des femmes dans ce pays. Mes sœurs bafouées, exploitées, violentées. Victimes d'une injustice obstinément entretenue par notre société depuis la nuit des temps ! Je les aurais défendues contre l'oppression masculine ! Plus ce rêve s'éloignait, plus l'indignation grondait en moi. Finie la soumission ! Un jour, je me révolterai ! Ainsi me mis-je à nourrir l'espoir d'une action d'éclat qui ferait vaciller le système. »

Bon sang, Kinu Masashi ! Ça lui revient. Le mari disparu, Yakusen Masashi, avait trente ans. Cadre supérieur dans un organisme financier international. C'était la première véritable enquête de l'agent Irekeda, frais émoulu de l'École de police. Chargé de l'affaire, il n'en avait retrouvé que des morceaux. Et encore, pas tous ! La femme assise en face de lui était parmi les personnes entendues à l'époque. Il la remet bien à présent. Sous ce visage ridé et ces étoffes ternes, il revoit la pimpante retraitée qui l'avait accueilli, les yeux remplis d'espoir quant aux pouvoirs extraordinaires des commis de l'Empereur.

L'ancienne reprend, hargneuse :

— Elle se pavane à la télé en m'insultant. Dans ce roman, elle affirme que j'étais la maîtresse de son époux. Je viens déposer une plainte en diffamation.

Quinze ans auparavant, le 12 décembre 2006

Temple désert
les feuilles mortes se rassemblent
pour la prière

Dans un immeuble résidentiel haut de gamme de ce quartier central de Nakagyô, avenue Oike dori, une jeune femme, Kinu Masashi, est assise en tailleur sur le plancher traditionnel de *tatami*, les plaques de paille de riz tressée. Elle est vêtue d'un kimono décoré de motifs floraux. Ses cheveux sont coupés en carré court. Sur la page du journal encore ouvert, la météo prévoit d'abondantes précipitations neigeuses et des températures glaciales.

Devant elle : une table basse sobrement dressée pour le repas avec bols et baguettes, sur laquelle trône une bouteille bouchée de Beaujolais nouveau. L'image parfaite d'une épouse attentionnée qui attend le retour de son mari pour lui servir le dîner, dans un intérieur « à l'ancienne » de laques noires sur des tons végétaux. Concession à la modernité, cependant : sous la fenêtre, le téléviseur diffuse un épisode de *Desperate Housewives* où Lynette se morfond dans sa condition de femme au foyer. Bercée par les répliques qu'elle connaît par cœur, Kinu somnole. Elle entend le bruit de la porte, et ne réagit que par un vague soupir blasé. Il est quatre heures du matin.

L'homme qui arrive – son mari, Yakusen – est grand et corpulent. Vêtu à l'occidentale, d'un costume noir sur une chemise blanche, il a rangé ses souliers vernis dans l'entrée et glissé ses pieds dans les *zori* d'intérieur. La figure ronde et replète, les yeux cernés, mi-clos sous des paupières fatiguées. Il est en sueur. Visiblement éméché.

— Kinu-san, viens accueillir ton seigneur et maître.

Elle se lève, suspendue dans l'air ambiant, imprimant à ses hanches la grâce d'une libellule qui abandonne son nénuphar. Vingt-quatre ans, jeune et mince, elle avance vers l'homme, en face duquel elle reste debout, droite, inexpressive.

Yakusen approche son visage, mais au lieu de lui donner un baiser, il ferme les yeux et la hume de la joue au menton, dans une longue inspiration.

— Tu es retournée à Nara, n'est-ce pas ?

— Oui, je t'ai envoyé les photos, répond-elle d'un ton d'évidence.

— Qu'allais-tu faire là-bas ?

— Besoin de voir le parc. Respirer un peu l'air. J'étouffe ici.

— Hier, tu as posté les berges de la Kamogawa.

— Brrr. Trop froid au bord de l'eau.

Il s'interrompt. Les tremblements convulsifs d'une colère montante secouent son double menton comme du *tofu,* ce lait de soja caillé.

— Tu as encore mangé des *yakitoris,* hein ? Je distingue un effluve de grillade. Avec qui ?

Kinu ne réagit pas. Elle a l'habitude. Il grogne :

— Je te pose une question : avec qui ?

Son nez descend le long du cou jusqu'à la poitrine menue de la femme, il écarte brutalement les pans du vêtement pour renifler les aisselles.

— Un relent de cambouis. Des mains d'homme. C'est ton amant ! Tu t'es laissé tripoter, n'est-ce pas ? Par un garagiste. Espèce de dévergondée ! Bien sûr, pas de traces. Récurée sous la douche, comme une épouse respectable. Mais je le sens. Mon odorat ne me trompe jamais. Tu n'es qu'une traînée ! crache-t-il.

Elle grelotte. Sa peau se couvre de minuscules cloques pâles sous le souffle aviné de son tortionnaire. Mais que peut-elle y faire ?

— La voiture est tombée en panne, murmure-t-elle.

Emporté par une rage soudaine, il arrache l'étoffe et descend flairer le ventre et l'entrejambe.

— Tu as fait l'amour ! Il t'a prise comme la chienne que tu es ! Qu'est-ce que j'ai fait aux dieux pour mériter un tel déshonneur ?

La bave aux lèvres, il colle sa joue sur le genou de sa femme, l'inondant de larmes, et se penche alors jusqu'aux pieds en geignant. Accroupi, il passe derrière elle pour lui renifler les talons et baigner les mollets de gémissements. Il atteint les fesses maigrelettes. Il marque un long temps d'arrêt sur la cambrure à peine esquissée, maugréant, versant des soupirs et des pleurs entrecoupés de réprimandes indistinctes chuchotées d'une voix chevrotante. Il remonte le dos, arrive à la nuque, élancée et soyeuse. Et là, se fige, pétrifié, le souffle bouillant comme au couvercle d'un chaudron.

Les flashes de la télévision diffractés par la bouteille rutilante inondent le sol de vagues pourpres.

Des plaintes de femme résonnent dans l'immeuble. L'atmosphère nocturne cristalline, sous le plafond laiteux où l'hiver menace, répercute les vociférations loin dans la rue malgré les fenêtres hermétiquement closes. Une scène fréquente, à n'importe quelle heure, le jour ou la nuit, depuis l'arrivée de ce couple de jeunes mariés en juin 2003. Les voisins endormis replacent à tâtons leurs bouchons d'oreilles.

À l'intérieur, la lutte est engagée. Inégale. Ils agrippent tous les deux un même bâton court d'à peine un mètre de long. L'homme pèse plus de quatre-vingt-dix kilos. Pénalisée par l'écart de gabarit, elle tente de contrôler l'arme, dévie, détourne, tord le bois, exploitant le moindre déséquilibre de son adversaire. Ils s'affrontent, corps à corps. Les membres de la femme sont parcourus de contractions.

Leurs prises sont opposées sur le manche. Il essaie de glisser sa main gauche à l'extrémité pour obtenir l'avantage. Pour lui, la force. Pour elle, la souplesse. Elle cède du terrain, recule vers le centre de la pièce. Haut bas, avant arrière, elle se démène et trouve toujours un angle qui lui permet de repasser au-dessus, empêchant l'homme d'assurer sa saisie.

L'imposante poigne écrase les doigts frêles de sa victime. La gorge serrée, Kinu ne crie plus. Elle se concentre pour répartir la pression. Le bois doit rester, en quelque sorte, collé aux mains opposées, pour qu'il ne puisse pas en lâcher un bout sans prendre immédiatement l'autre extrémité dans la figure. Elle ajuste continuellement ses appuis. Il lui a déjà cassé le nez une fois. Pas deux.

Yakusen l'a poussée en direction de la table basse, dont elle perçoit à présent l'angle derrière son mollet. Elle se sent en danger d'être empêtrée et renversée. Ses jambes arc-boutées ont de plus en plus de mal à retenir le poids de son agresseur. Elle doit trouver une solution tant que ses genoux la soutiennent encore. Visage congestionné, respiration bloquée, son mari joue le tout pour le tout, et se jette en avant pour la basculer sur le guéridon. Elle avise alors le Beaujolais nouveau qui traîne sur la table. Avec la sueur, la prise de l'homme devient glissante. En une fraction de seconde, elle dégage sa main droite, ne tenant plus que de la gauche valide, s'empare de la bouteille qu'elle lui balance à la volée sur le côté de la tête.

L'action manque de force. Sachant qu'elle ne pouvait compter que sur la vitesse, elle a envoyé son coup à partir de l'épaule, comme au tennis. Mais au moment de l'impact, le goulot lui a échappé !

Ses deux mains sur le bâton, l'homme a dû choisir très rapidement entre lâcher pour interposer un bras en protection, ou tenter une esquive. L'évitement lui paraissait moins risqué. Erreur d'appréciation. Touché à la tempe par un éclair rouge, il s'écroule.

Il était temps ! Une crampe étreint la cuisse de Kinu. Sans perdre une seconde, elle se soulève sur les genoux, obnubilée par la trouille. Et s'il se relevait ?

Non. Inerte. Il est sonné. KO pour le compte. Elle s'assoit pour étirer les jambes en soufflant bruyamment. Tout en le surveillant d'un œil inquiet, elle boitille ensuite jusqu'au coin du mur pour récupérer son arme. Alors, la paume assurée sur goulot, elle revient, bien décidée à en finir. La figure exsangue, dépourvue d'expression, elle brandit l'instrument de sa vengeance. Elle double, triple. Encore et encore. Hystérique. Emportée par le déchaînement d'une fureur contenue durant tant d'années. Indifférente au bruit sourd de la chair qui cède, aux craquements des os enfoncés, au sang qui gicle, elle le massacre. Jusqu'à l'épuisement. Elle finit par s'arrêter, le bras pendant, lorsqu'elle ne pourrait même plus soulever un doigt.

La bouteille a tenu bon. Plus tard, l'autopsie révèlera au moins dix contusions différentes sur la boîte crânienne, toutes compatibles avec un carafon de verre.

Exténuée. À bout de souffle. Secouée de tremblements incontrôlables. Elle regarde le corps sans vie.

Elle l'observera ainsi pendant deux jours.

14 décembre 2006

Le surlendemain, prostrée devant le cadavre, elle contemple cet homme à qui ses parents l'ont vendue. Il n'y a pas d'autre mot. En 2002, des difficultés politiques ont mis à l'arrêt plusieurs chantiers, tandis que les traites et les salaires continuaient d'affluer… Banquier, Yakusen avait obtenu des facilités de trésorerie suffisantes pour que son père puisse surmonter la crise. Elle en était le prix.

Kinu étudiait alors le Droit à l'université, et rêvait d'une brillante carrière d'avocate aux États-Unis. Elle a dû renoncer au tennis et à la danse pour épouser quelqu'un qu'elle n'avait pas choisi. Elle ne l'avait même jamais vu auparavant. Ils ont été présentés l'un à l'autre pour la première fois lors de la cérémonie.

Quel sacrifice pour permettre à sa famille de sauver l'honneur ! Mais la voilà maintenant prisonnière. Le mariage est une institution sacrée au Japon. Le divorce presque impossible à obtenir quand l'homme y est opposé. Yakusen refusait toute discussion sur ce sujet. Un vrai mur.

Seules les veuves retrouvent un jour leur liberté…

Ah ! Qu'il pèse lourd, ce cadavre !

Elle vient de transgresser des règles implacables : depuis la nuit des temps, la domination masculine étouffe l'émancipation des femmes. Le Japon est constitué d'îles. Comme les Galapagos, où Darwin découvrit deux siècles auparavant ces mouches dépourvues d'ailes qui lui donnèrent l'intuition de sa théorie de l'Évolution. Les vents marins là-bas sont si puissants que le vol y représente un danger pour les animaux dotés d'ailes. Aussi les mouches ont-elles progressivement abandonné les leurs pour survivre, cramponnées aux roches de ces terres isolées.

Depuis quarante mille ans – le « Paléolithique supérieur » – les femmes insulaires se perpétuent au Japon, clouées au sol par l'impitoyable violence masculine imposée par la société. Elles n'ont même pas conscience qu'elles pourraient se libérer de l'autorité du sexe fort. Soumises sans condition à leur père d'abord, à leur mari ensuite.

Ce sera le premier paragraphe de son livre. Car elle écrira un livre. Il en sera ainsi.

Révoltée, elle sera anéantie. L'archipel n'a rien perdu de sa brutalité. Le dragon atavique, gardien de la tradition, gronde encore. Toujours prêt à se réveiller.

Écartelée entre les sentiments contradictoires que peut produire son acte dans l'esprit d'une jeune fille bien élevée de la bonne société : espoir, douleur, culpabilité, mais fierté aussi d'avoir osé l'impensable… elle prend trois décisions. La troisième sera de renouveler la déco, du sol au plafond et du salon à la salle de bains.

La seconde l'amènera à appeler la police pour signaler la disparition de son mari : Yakusen Masashi n'est jamais rentré du bureau.

Et la toute première, la plus urgente : sortir, faire des courses. Elle achètera une scie.

Cette nuit-là, il neigea abondamment sur Kyoto. Des flocons précoces et épais.

25 décembre 2006

Nuit enneigée
à l'aube le rouge des érables
réfugié dans le ciel

Kyoto est belle. Éternelle. Le silence y est presque religieux, seulement troublé par les bulldozers et les raclements de pelles. Dans les parcs, deux mètres de couche cotonneuse restituent aux pavillons et aux temples leur sérénité millénaire. La ville a revêtu les atours hivernaux d'ombres douces sur ses courbes virginales. Tout est pardonné sous le manteau immaculé.

Non. Pas tout.

Fête occidentale, Noël n'est pas férié au Japon. À part pour quelques citadins *branchés*, le 25 décembre est un jour comme les autres. Après deux semaines de gel, les températures remontent. La glace fond. À dix heures, le téléphone sonne au commissariat central. Le jeune inspecteur lâche son journal. Il décroche.

Ce matin-là, quelques heures plus tôt

Le soleil levant liquéfie la neige de la rue Kawaramashi, qui dessert Kyoto du nord au sud. Les automobiles profitent du redoux. La circulation est intense et bruyante. Des ruisseaux coulent au bas des maisons. Des torrents dans les caniveaux. Plus loin, les flots boueux charrient des planches, des troncs et des objets flottants de toutes sortes le long de la rivière Kamogawa qui traverse la ville.

Selon leur habitude, les gens du quartier déblaient un passage pour les piétons à coups de balais et de pelles en formant des petits tas sur le côté. L'un d'eux avise au bord du trottoir un paquet encombrant dans lequel les gamins ont abondamment shooté en allant vers l'école. Un grand plastique de poubelle noir qui semble envelopper un sac de frappes, ou un mannequin de couture débarrassé de son pied.

— それは何ですか *(Soreha nan des'ka).* C'est quoi ça ? murmure-t-il.

— C'est quoi ça ? demande un voisin en s'approchant, les bras ballants, traînant sa pelle derrière lui.

— *C'est quoi ça, c'est quoi ça…* Cesse donc de coasser comme une grenouille et ouvre ce fichu truc ! ordonne un troisième.

Le premier dépiaute le plastique sans précautions particulières, déchirant la mince pellicule. Et soudain s'arrête, tétanisé, et bégaie :

— C'est… C'est un homme. En… enfin, ce qu'il en reste.

Sous l'effet du dégel, un liquide rouge suinte sur des chairs putréfiées. L'odeur est insoutenable.

— C'est quoi ça ? interroge une femme s'approchant.

Elle n'attend pas la réponse. Un simple regard sur le torse ensanglanté, et elle s'écroule dans les bras d'un passant. Un autre sort son smartphone pour appeler la police.

— Je vous envoie une patrouille, déclare l'agent Irekeda.

Il note l'adresse et se rend en personne sur les lieux.

La chasse aux pièces détachées se poursuivra jusqu'au début de janvier. Un bras droit sans main dans une impasse. Un bassin masculin dans le jardin d'une maison inhabitée, une jambe dans un buisson du campus de l'université d'Uji, plus au sud. Des bouts de cadavre surgissent un peu partout dans la métropole.

Un jeu de piste où la tête manque encore.

L'avis de recherche est affiché sur le serveur central depuis le 15 décembre dans le quartier de Nakagyô. Un homme obèse : Yakusen Masashi. Sa collègue de travail est la dernière personne à l'avoir vu. C'était le 11 au soir.

Ailleurs, des morceaux de corps humain ressortent à la fonte de la neige. Ceux d'un adulte corpulent.

L'inspecteur Irekeda fait assez vite le rapprochement entre l'absence signalée et le cadavre découpé. Mais il évite de sauter trop rapidement aux conclusions. La prudence s'impose, surtout s'agissant de familles importantes qui ont un accès facile aux médias.

Le Japon est l'un des dix pays les plus sûrs au monde. Lorsque quelqu'un connaît une mort violente, c'est en général qu'il (ou elle) se suicide. À Kyoto, il ne se passe jamais rien. Ni vols ni meurtres. Parfois des règlements de comptes entre *yakuza*, la mafia nipponne. Un attentat de temps en temps et des drames passionnels, comme partout…

Une telle coïncidence y est à peu près impossible. Le policier poursuit son raisonnement.

Pas de main. Pas d'empreintes digitales.

Pas de tatouages. La pègre est hors de cause.

L'ADN ne figure pas au fichier des délinquants sexuels. Ce qui élimine pour l'instant l'hypothèse d'une affaire de mœurs.

Irekeda persuade alors son chef de lui confier les deux dossiers. Il mènera des enquêtes distinctes sur la disparition et le meurtre. Car l'assassinat est le plus probable : il est rare qu'on découpe les corps à la suite d'une mort naturelle.

L'absence n'a été déclarée que le 15 décembre par l'épouse légitime, bien qu'elle l'ait constatée réellement dans la nuit du 11, jour où Yakusen est parti à son bureau pour la dernière fois. L'habitude qu'avait son mari de découcher paraît justifier ce signalement tardif.

Effectivement, le 11 de ce mois, il a passé la soirée avec une collègue qui affirme que Yakusen l'a quittée vers trois heures du matin – le 12 donc. Alors que sa conjointe prétend qu'il n'est pas rentré.

L'inspecteur s'acharne sur la relation professionnelle : dernière personne à l'avoir vu vivant. Suspect n° 1, on apprend ça à l'École de police. La pauvre est dévastée. Ils travaillaient ensemble depuis tant d'années !

Heureusement, les images de la caméra de surveillance de l'immeuble confirment quelques jours plus tard que Yakusen est bien retourné chez lui le 12, à quatre heures. Son épouse a donc menti.

Parallèlement, l'inspecteur contacte discrètement la maman de Yakusen pour obtenir son ADN qu'il envoie aux analyses sous le sceau du secret, afin de le rapprocher de celui de la victime inconnue.

L'homme était alcoolique. Le labo constate qu'il porte sur la peau des traces de cicatrices anciennes. Curieux. Entraînement aux arts martiaux ? Pratiques sadomasochistes ? La question demeurera longtemps sans réponse.

10 janvier 2007

L'ADN du cadavre correspond à celui de la mère. Bingo ! Il s'agit bien de Yakusen Masashi.

Irekeda se rend lui-même au domicile des parents Masashi pour leur annoncer la triste nouvelle. Après son départ, les rugissements de la pauvre femme, accompagnés du fracas de toutes sortes de meubles, de vaisselle et de vitres brisées retentissent tard dans la soirée. Jusqu'à ce qu'une ambulance vienne la chercher.

11 janvier 2007

Irekeda et une collègue enfilent leur uniforme d'apparat et convoquent la presse à l'adresse du disparu, à cinq minutes de voiture du commissariat. Oike dori est une large avenue plantée d'arbres où les constructions modernes dépassent rarement la dizaine d'étages. La vue sur la circulation est dégagée. Ils attendent au croisement d'Horikawa, la rue transversale qui descend de la préfecture, le temps que les équipes de télévision soient installées. Puis ils débarquent, sirène hurlante, pour interpeller Kinu en direct et l'amener en garde à vue dans leurs locaux.

12 janvier 2007

Kinu est conduite en salle d'interrogatoire le lendemain de son arrestation. Un mois jour pour jour après la dispute fatale. Les voisins ont témoigné : la scène qu'ils ont entendue cette nuit-là dément définitivement sa précédente déclaration. Devant l'évidence de la corrélation d'ADN avec la mère et les caméras qui prouvent que son mari est effectivement rentré le 12 décembre, elle demande un avocat.

— Vous en avez un, commis d'office, qui attend dans le hall. Je le fais monter, répond Irekeda.

Après dix minutes et un brouhaha dans le couloir, un homme pénètre dans le bureau.

— Bonjour, je suis Maître Kyuda. Mandaté par le père de l'accusée. Ma cliente n'a rien à voir dans cette histoire. Je vous prie de la relâcher immédiatement. J'ai rendez-vous dans cinq minutes avec le procureur pour fixer la caution !

Kyuda est le pénaliste le plus renommé de l'archipel. Kinu lui fait signe de s'approcher, ils échangent quelques mots. L'avocat se redresse, il paraît maintenant plus grand qu'en arrivant. Il déclame d'une voix de stentor :

— Ma cliente est prête à collaborer avec la justice. Elle avoue le meurtre, plaide la légitime défense et, pour montrer sa bonne foi, précisera où est dissimulée la tête de son mari.

Cette déclaration produit l'effet d'un coup de tonnerre. Soudain à l'étroit dans la salle, Irekeda sent tressaillir le plancher sous ses pieds. Mais il n'est pas au bout de ses surprises.

— La tête ? s'enquiert-il.

Enfouie sous un tas de feuilles mortes et de débris divers dans une arrière-cour du Ryoan Ji. Sacrilège ! L'enquêteur fulmine :

— Le fameux temple de Kyoto ! Le jardin zen connu du monde entier ! Vous vous rendez compte de la profanation ? Et du coup porté à l'honneur de la nation si des touristes, par un hasard malencontreux, avaient été les premiers à découvrir cette horreur ?

— Il voulait me tuer ! Massacrer sa femme à cinq cents mètres du Palais Impérial, c'était conforme à l'honneur du Japon, selon vous ?

— Comment peut-on disperser ainsi sept ou huit morceaux humains dans une ville sans se faire remarquer ?

Elle laissait son téléphone au domicile, prenait son auto pour sortir de l'immeuble et continuait en bus.

— Tout en bus ?

— Oui, tout. Sauf le torse déposé directement en voiture à la nuit tombée. Et aussi, une fois, le train pour aller au campus d'Uji.

Croyez que ce ne fut pas chose facile, avec les mains gelées, sur le verglas, alors que le froid déchirait les poumons ! Il n'y avait pas grand monde dans les rues. Elle attendait le soir et cachait ses paquets dans les endroits déserts.

À ce stade, nous sommes certains qu'elle a découpé le cadavre de son mari et dispersé les morceaux dans Kyoto et sa banlieue. Était-elle seule ? Et surtout, nous ne pouvons pas affirmer qu'elle l'a tué. Les aveux ne suffisent pas s'ils ne sont pas étayés d'éléments matériels. Or, le plancher et les papiers peints de l'appartement ont été refaits. La scie a disparu et la bouteille de vin français est comme neuve. Lavée, probablement, mais intacte. Sans qu'on puisse prouver qu'elle ait été utilisée pour un crime.

Objection : rien ne permet d'affirmer qu'elle l'a tué ! L'assassinat aurait pu être perpétré par un complice. Dans ces conditions, l'accusation directe de Kinu Masashi pour meurtre est irrecevable. Elle sera donc inculpée au chef de « dissimulation de cadavre ».

6 avril 2008

Cerisiers immaculés
je parcours les mêmes allées
qu'autrefois ma grand-mère

L'*Asahi Shimbun* fait ses choux gras de ce procès qui se déroule un an plus tard, en pleine période de floraison des cerisiers *sakura*. La ville en ébullition défile dans les parcs, pique-nique en famille, y passe des soirées entières consacrées au *hanami* : l'admiration du lumineux, féérique spectacle des arbres en fleurs. La chanson *Sakura* tourne en boucle dans les radios, les chaînes hi-fi portables et les smartphones. Et l'affaire Kinu Masashi est au centre de toutes les conversations !

Dans la salle de la Cour d'assises, on essaie de comprendre ce qui a pu pousser une délicate étudiante à cet acte impensable. Et les circonstances s'éclaircissent de plus en plus à chaque minute de plaidoirie : voilà la conséquence sidérante de plusieurs années de brutalité maritale.

Maître Kyuda est impérial. Sa parole, limpide. Il tonne, chuchote, flatte, démontre tout à tour ce qu'on doit retenir des faits : rien que les faits. Kinu est une femme battue. La défense ne manque pas d'arguments pour convaincre le jury.

Quand elle était enfant, son père la violentait. Les psychologues qui l'ont examinée ont confirmé la chose.

Jeune fille, elle aurait dû faire des études aux États-Unis, mais l'entreprise familiale a connu des difficultés financières, et ses parents l'ont en quelque sorte vendue à leur banquier.

Après leur mariage forcé, son époux découchait régulièrement, mais refusait le divorce. Il la tyrannisait. D'une jalousie maladive, il fouillait ses affaires, fouinait dans son smartphone. Il exigeait des photos de ses moindres déplacements. Il détenait des clichés d'elle nue qu'il menaçait de publier.

Le matin du drame, il s'est montré plus brutal que d'habitude. Elle a eu peur pour sa vie. Elle s'est protégée avec ce qu'elle avait sous la main. En l'occurrence, une bouteille de vin. Légitime défense, rien de plus évident.

L'avocat écarte les bras, paume au ciel. Il jette un coup d'œil circulaire sur les expressions outrées des spectatrices suspendues à ses paroles, sur les paupières humides d'hommes dont on ne sait trop s'ils compatissent au sort général des femmes ou bien au malheur qui frappa l'un d'entre eux.

Soutenue par un infirmier en blouse blanche, la mère de Yakusen se déplace au tribunal, pour réclamer la peine capitale, d'une voix pâteuse et ralentie par l'abus des tranquillisants. Elle a perdu davantage qu'un fils : l'être qu'elle aimait le plus au monde, qui donnait un sens à son existence. Celle qui lui a sauvagement ôté la vie doit mourir !

Le procureur requiert vingt ans. Dans l'absolu, l'accusée risque la perpétuité, peut-être même la pendaison.

28 avril 2008

Unie à Yakusen depuis trois ans et demi, la jeune madame Masashi avait expliqué aux enquêteurs qu'elle vivait dans l'angoisse permanente des violences de son mari tyrannique.

Les psychiatres prétendaient la dégager de sa responsabilité au moment du crime. Selon les experts, elle était traumatisée par les sévices endurés depuis de nombreuses années.

La cour rejette cet argument. Selon le tribunal, sa tentative de dissimuler un assassinat en éparpillant le corps mutilé du défunt a prouvé, au contraire, qu'elle se rendait compte de la gravité de son geste.

Mais le jury ne retient pas la préméditation : on établit que la scie a été achetée après la mort de Yakusen. La dispersion des morceaux, sans plan cohérent, était visiblement improvisée.

« Même si elle pouvait se sentir désespérée par sa vie conjugale infernale, le meurtre a été cruel », a estimé le juge.

Elle est reconnue coupable et écope de quinze ans de prison.

Août 2021, commissariat central de Kyoto

L'inspecteur Irekeda avale la dernière bouchée de son repas. Derrière lui, une fenêtre par laquelle le soleil chauffe son dos. À cela, la clim' ne change rien. En face de lui, l'ancêtre est assise, immobile.

Il considère un instant la situation. Kinu Masashi a purgé sa peine. Elle est sortie le mois précédent, avec un semestre d'avance, après quinze années d'une conduite exemplaire. En détention, elle a écrit son manuscrit et terminé des études. Elle a trouvé facilement un éditeur, et compte sur les revenus de son livre pour aller aux États-Unis passer un diplôme américain.

Il connaît bien ce dossier. Son mari la battait, l'humiliait. Il y a trop d'hommes comme ça qui se croient tout permis et qui abusent de la soumission atavique des femmes japonaises.

Pourtant, les choses progressent dans la société. Si elle était jugée aujourd'hui, le jury serait plus clément.

Le fonctionnaire revient à son clavier pour enregistrer la plainte. Il observe la contenance de la vieille, les yeux écarquillés, le visage rouge et gonflé par un afflux de sang. Au bord de l'apoplexie. Soit elle va lâcher un vent monstrueux, soit c'est la crise cardiaque. Il se sent obligé de dire quelque chose.

— Madame Yamaguchi, vous vous rappelez certainement que je suis le policier qui a mené l'enquête à l'époque. Vous voulez déclencher une action en justice quinze ans après les faits. Pourquoi n'avez-vous pas témoigné à ce moment-là ? Cela nous aurait pourtant bien aidés, car nous n'avions rien : pas la moindre trace de sang dans l'appartement – elle avait tout refait. Pas de scie – jetée à la poubelle. Seulement les aveux. C'est elle qui nous a indiqué où était la tête. Élément déterminant. Sans cela, remarquez bien qu'elle passait à travers : au bénéfice du doute, faute de preuve irréfutable ! À croire qu'elle a décidé elle-même, au dernier moment, d'avoir un procès en se dénonçant. Peut-être pour la paix de sa conscience ?

— Ou autre chose…

— Vous arrivez trop tard. De toute façon, on ne saura jamais. L'affaire est jugée. Elle a payé sa dette à la société. Point final.

— Si vous le dites… lâche la vieille femme, l'air désabusé. Pauvre veuve désarmée devant tout cela, je n'ai pas souhaité témoigner à l'époque pour deux raisons : *primo*, j'aurais été traînée dans la boue sur le même ton que ce torchon de bouquin, et *secundo*, cela n'aurait rien changé. Ni ajouté ni retiré un jour à sa condamnation. Et maintenant, je vous pose une question : vous qui avez enquêté, vous n'avez pas compris ?

— Compris quoi ?

— Ce n'était pas un accident.

— Normal que vous preniez la défense du défunt, vous le connaissiez si bien !

— Ça, je ne vous permets pas. Ai-je une tête à avoir été l'amante d'un banquier il y a quinze ans ?

Effectivement, rien d'une *cougar*. Il garde sa réflexion pour lui.

— Excusez-moi. On ne s'arrête plus à ça à l'époque actuelle. Vous étiez très proches, n'est-ce pas ? Vous savez que vous pouvez le dire maintenant. Tout est purgé, prescrit...

— Je le soignais.

— Il était malade ?

— Une sorte d'atteinte de la peau, avec des rougeurs, des hématomes, parfois même des blessures ouvertes.

Elle énonce cela d'un ton distant, où le policier croit percevoir une once d'ironie.

— Et vous faisiez quoi ?

— Pas grand-chose : un peu de glace et d'affection.

— La glace, oui, je comprends...

Il se mord la langue pour ne pas demander la marque du whisky, et enchaîne :

— Et ça a commencé quand ?

— Il avait acheté cet appartement à deux pas de celui de sa mère. C'était un gamin du quartier que je connaissais depuis son plus jeune âge. Les garnements du coin se moquaient de lui parce qu'il était un peu enrobé. Mais il ne fuyait pas. Il restait stoïque en parant ce qu'il pouvait et en cognant quand c'était possible. Simplement, il manquait de souffle, et les autres se mettaient à plusieurs contre lui pour en venir à bout. *Sumo* qu'ils l'avaient surnommé. Par dérision pour son embonpoint et sa capacité à encaisser les coups. Il ne courait pas suffisamment bien pour jouer au baseball. Il a fait un peu de judo, c'est tout. Pour leur échapper, il se réfugiait chez nous. Mon mari était fin cuisinier. Cela fascinait Yakusen. Ce môme était curieux des cuissons, des saveurs, des épices. Notez qu'il était doué d'une extraordinaire sensibilité aux goûts et aux odeurs. Un palais d'œnologue. Vin ou whisky, il aurait pu en faire son métier. D'ailleurs, son rêve était d'ouvrir un restaurant. Mais il descendait d'une lignée de financiers. Pour sa mère, pas question d'avoir un fils boutiquier ! Il était incapable de lui dire non. Il a donc repris le flambeau familial. Ses parents ont arrangé cette union. Pensez qu'il a rencontré sa femme le jour de leurs noces ! Certes, il était rentré dans le rang. Mais ce mariage cristallisait pour lui toute la rancœur, la frustration d'être passé à côté de sa vie. C'est elle qui en supportait les conséquences. Il buvait, entretenait des maîtresses et lui menait une existence infernale.

— Il la battait, aussi.

— C'est là que vous faites erreur, inspecteur. C'est elle qui le tabassait ! Et pas doucement.

— Quand les gens échangent des coups, ils en prennent parfois chacun leur part. D'accord. Les lésions de l'épiderme étaient dans le dossier, on n'en a pas fait cas, tant les autres éléments étaient cohérents. Un jeu érotique selon vous ?

— Au début, oui. Ça l'excitait qu'elle lui restitue un peu de la brutalité dont il la gratifiait. Mais ça s'est dégradé très vite. Il se complaisait sous la domination physique.

— Grâce à l'alcoolisme aussi. Allons. Il buvait beaucoup, n'est-ce pas ? Il travaillait trop et devait souffrir d'un genre d'eczéma d'origine psychologique, probablement dû à un produit chimique et aggravé par le surmenage et la mésentente conjugale. Je ne suis pas toubib, mais ce sont des choses courantes de nos jours. Je prends votre plainte, mais franchement, il n'y a pas de quoi faire un procès.

Madame Yamaguchi éclate de rire.

— Vous avez lu le début de son torche-cul ? ricane-t-elle en ouvrant le livre. « Je suis née dans la province de Nara. Tout au bout, à Jishi, dans le village d'Ukedo. Un 10 juin, chez nous, c'est l'arrivée des pluies, on commence à planter le riz… » Blablabla… «Je suis venue au monde en l'an 1982. Et j'étais fille unique…» Blablabla. «Mon père possédait une entreprise de bâtiment. Il était renommé dans la région pour sa générosité et sa jovialité. Mais en privé, c'était un pervers, un tyran, un monstre. Il rentrait tard de ses réunions d'affaires. Et régulièrement, comme ma mère dormait, il passait par ma chambre. Pour me souhaiter bonne nuit à sa manière. Il me touchait partout. Je croyais que c'était de l'affection. La première fois qu'il m'a violée pour de vrai, c'était pour l'anniversaire de mes dix ans… Quand son entreprise a connu des déboires financiers, j'ai compris que je ne pourrais jamais réaliser mon rêve d'une carrière juridique. Ils m'ont vendue à leur banquier. Figurez-vous que j'en ai été soulagée : cette union m'apparaissait comme la seule solution pour échapper à l'enfer. Comment aurais-je pu deviner que mon *acheteur* se révèlerait pire encore ? » Blablabla.

La vieille regarde l'inspecteur, interloqué et muet, et poursuit.

— Cette femme haïssait les hommes. Une gamine abusée par son père. Sa propre mère qui ferme les yeux. Classique. Par la suite, son mari, Yakusen, se saoulait parfois en sortant du bureau, pour trouver le courage de rentrer à la maison. Elle l'accueillait avec une bonne scène et il repartait finir la soirée chez une amie, ou avec moi s'il n'avait personne d'autre. J'étais la seule à connaître la nature véritable de leur relation.

Irekeda se ressaisit. Il ferme le dossier sur l'écran.

— Voilà, Madame, j'ai pris votre déclaration. Je vous rappelle que j'ai relevé moi-même les témoignages des voisins qui entendaient les clameurs de leurs disputes ! Tout le monde pensait que ça allait mal se terminer, qu'il y aurait un malheur. Laissez-moi vous dire que des histoires de maris ivres qui battent leur femme et vont se faire consoler par leur maîtresse, j'en ai une armoire pleine ! Et il est rare que cette dernière porte plainte contre l'épouse légitime !

L'ancêtre prend un ton grave :

— Oui, Monsieur, ne me regardez pas comme ça, je sais de quoi je parle. Elle le tabassait à chaque fois qu'elle en avait l'occasion. Ainsi que vous l'avez remarqué très justement, c'est prescrit maintenant. Je peux raconter : il m'avait confié qu'un jour, il finirait par la tuer pour que ça s'arrête, si c'était le seul moyen. Vous, vous n'avez rien compris du tout : c'est elle qui lui donnait des coups de trique parce que ses parents l'avaient mariée trop jeune et que cette union avait brisé ses espoirs de carrière ! Ah, souffle-t-elle de la gorge, comme une joueuse ponctue un point marqué.

— Qu'est-ce que vous me chantez là ? Bien sûr qu'il la cognait ! objecte le policier. Il y a des éléments probants dans le dossier. Je m'en souviens bien : un séjour dans un foyer de femmes battues. Avec le nez cassé. Ce n'est pas rien !

— C'est arrivé une seule fois en trois ans. En juin 2006. Elle l'avait poussé à bout. Quand elle le frappait, il serrait les mâchoires pour ne pas lui faire le plaisir de laisser échapper une plainte. Mais il s'était rendu compte qu'elle braillait comme une truie martyrisée alors que, dans le même temps, c'était elle qui cognait ! Cette fois-là, il avait l'intention de lui donner une leçon. Il lui a envoyé un coup de poing pour de bon. Pour voir le bruit qu'elle ferait en vrai… en prenant un pain le jour de son anniversaire.

— Peut-être. Admettons qu'elle se soit un peu débattue. Cela laisse des traces. Des griffures, des bleus. Quelqu'un s'en serait aperçu, quand même, défend l'enquêteur.

— Elle tapait toujours sur le corps. Pas de marques apparentes. Ils ont montré à la télévision l'histoire de la bouteille. C'est pour ça qu'il s'est fait avoir aussi facilement à la tête. Lui ne s'y attendait pas du tout. Jamais elle ne l'avait attaqué au visage. Il ne se protégeait même pas. Elle a visé pour le tuer parce qu'il s'est rebiffé, le pauvre.

— Mais enfin, il ne l'a jamais dénoncée ?

— Vous imaginez la honte ? Comment voulez-vous qu'un mâle japonais se plaigne d'être battu par sa femme ? Plutôt mourir ! Je lui demandais sans arrêt d'accepter le divorce, pour en sortir. Mais il refusait. Il pensait qu'il pouvait encaisser. Quelque part, il était toujours le petit *Sumo*. Il avait connu pire avec les autres gamins du quartier. Il espérait qu'elle se calmerait avec le temps. Kinu criait comme si c'était elle qui subissait des coups. Il prenait ça pour une manifestation nerveuse. Je crois que son erreur est de ne pas avoir cherché plus loin. La réalité ? C'est l'emboîtement de deux existences sacrifiées qui se déchirent. Du fait d'un père abusif pour Kinu et une mère possessive pour Yakusen. Ils avaient trouvé une forme d'équilibre en alternant leurs rôles de victime et bourreau. Quel gâchis !

L'aïeule s'interrompt pour laisser au policier le temps de peser les implications de son discours. Puis elle incline son buste osseux et martèle le bureau d'un index vengeur, fixant son vis-à-vis avec ses prunelles acérées :

— Elle agissait dans un but précis. Elle s'est dénoncée exprès. Elle a choisi ce procès. Pour la publicité. Bien sûr ! Mais l'accès aux médias n'était pas le principal. Ses cris aussi étaient calculés. C'était un plan prémédité pour duper les témoins. Cette peste de Kinu avait tout manigancé depuis le premier jour de sa vie de couple. Son idée était de se débarrasser de lui d'une manière ou d'une autre. Le divorce ou la mort, en quelque sorte. Peut-être que s'il avait compris cela, Yakusen serait encore vivant.

Irekeda a terminé son repas. Il occupe ses mains en tripotant d'un air pensif le masque blanc qu'il va remettre sur son nez. Tel un démon de théâtre, sa visiteuse sardonique articule :

— Cela vous éclaire-t-il, Monsieur le détective ?

Et, sans attendre la réponse, triomphe :

— Voyez, finalement, c'est elle qui a gagné. Elle a passé son diplôme en prison. Maintenant, elle est connue avec son livre.

Portée par la sympathie du public. Croyez-moi, elle compte bien fermer la parenthèse et reprendre son rêve d'avocate. Finie la comédie. C'est elle qui a berné tout le monde !

L'inspecteur baisse les yeux sur le haïku du jour en première page de son journal :

Soleil incendiaire
l'envie de traverser l'océan

L'octogénaire s'esclaffe. Son rire compulsif remplit le commissariat jusque dans les étages, devient sardonique et finit dans le hurlement confus d'une douleur inconsolable.

Poupée de chiffon

Par Johann Beckers

Cette nouvelle est librement adaptée et transposée dans le contexte français à partir de plusieurs faits divers survenus aux USA. Il s'agit de femmes obèses ayant utilisé leur poids et leur force pour tuer par asphyxie ou par écrasement leur compagnon.

Obese American woman confesses to murdering her boyfriend by sitting on him | You (news24.com)

133 kg woman admits murdering boyfriend by smothering him with her stomach fat - The Standard (standardmedia.co.ke)

Man reportedly strangled to death by 'fat' wife's buttocks (lindaike-jisblog.com)

18 h 30. Comme chaque jour après son travail, Marilyn s'offre son petit plaisir du soir : regarder en replay *Santa Clara*, sa série préférée de tous les temps. Pour rien au monde, elle n'aurait manqué un épisode. Ce feuilleton télévisé en était à sa douzième saison, à son 2 943ᵉ épisode, et croyez-le ou non, mais depuis l'apparition du replay en 2013, elle n'en avait plus jamais loupé aucun.

Santa Clara : le nec plus ultra des soap operas. Marilyn aimait tout dans cette série, absolument tout ! Autour des familles Spencer et Johnson se nouaient et se dénouaient des romances, des drames, des aventures, aux intrigues toujours plus palpitantes et prenantes.

— La connasse ! peste-t-elle après son écran plat. Mais quelle connasse !

Comme à chaque fois que Rebecca entre en scène, une bordée d'injures s'échappe de la bouche de Marilyn. Il faut qu'elle l'insulte, c'est plus fort qu'elle. Après toutes ces années, comment Ridley peut-il encore se faire avoir… ?

Marilyn s'identifie à mort à ce pauvre Ridley. Jamais eu de chance dans la vie, celui-là ! Sa gentillesse, sa bonté, sa générosité vont définitivement le perdre. Il y a encore si peu, l'unique héritier de la fortune des Johnson était riche comme Crésus, et le voilà désormais quasiment sur la paille. Tout ça à cause de ces traînées. Avec leurs bouches et visages fardés, leurs longs doigts manucurés et cupides, elles l'ont sucé et récuré jusqu'à l'os.

Marilyn pioche dans sa Pringles Box trois beaux pétales de chips dorées qu'elle enfourne avidement.

Pour qui se prend-elle, franchement ? La Rebecca, si elle l'avait devant elle, Marilyn l'écorcherait vive, elle lui ferait ravaler tout son venin, toute sa duplicité, toute sa méchanceté.

— Ouvre les yeux, Ridley ! Mais ouvre les yeux, pauvre pomme !

Alors que Marilyn fulmine, son chat Cookie saute sur le canapé et vient se lover contre ses cuisses. Ce bon vieux Cookie, un des rares en ce bas monde qui condescende à lui témoigner son affection. Car tout comme Ridley, Marilyn n'est pas la quintessence même du bonheur en amour. Certes, elle n'a pas eu autant d'aventures que l'autre andouille, à vrai dire elle n'en a jamais eu qu'une de vraiment sérieuse. Durant deux ans, elle avait flirté avec Jérémy, un des seuls gars de la fac qui ait daigné lui faire du gringue.

Jérémy n'avait rien d'un sex-symbol, son physique était tout à fait quelconque, mais c'était un garçon fort avenant, affectueux, serviable, et c'était déjà pas si mal. Bien suffisant en tous les cas pour que Marilyn veuille en faire son mari. Mais après deux ans de relation, Jérémy s'était brusquement tiré pour une autre…

La maladie du premier amour l'avait touchée en plein cœur. Comment pouvait-on se mettre dans des états pareils… ? Le désespoir indicible et pénétrant de cette séparation l'avait minée durant des semaines, des mois. S'en était-elle seulement remise… ?

Quelques années plus tard, il y avait eu aussi Maxime et Baptiste. Mais fallait-il en parler de ceux-là… ? Deux espèces de pervers, sans aucune classe et d'une si grande vulgarité par-dessus le marché. Aussi vulgaires que ces lycéens qu'elle avait une fois entendu dire : *un trou est un trou, et une bite n'a pas d'œil !*

Marilyn soupire. Vous parlez d'une philosophie ! La plupart des hommes étaient affligés d'un tel manque de grâce, d'un tel manque de tact. Après avoir trempé leurs petites nouilles toutes flétries, Maxime et Baptiste s'étaient barrés sans demander leur reste…

Le paquet de Pringles n'a pas survécu à son dernier passage. Elle se lève et se dirige vers la cuisine.

— Les M&M's Crispy sont là, chantonne-t-elle, les M&M's Crispy sont là.

Dieu que c'est bon ces saloperies ! Aussitôt réinstallée sur le canapé, Marilyn les picore avec frénésie.

Elle est si fatiguée d'être seule. À 29 ans, combien de temps va-t-elle encore devoir attendre ? N'y a-t-il pas un homme en ce triste monde capable de l'aimer ? Un homme bon, doux et aimant, capable de passer outre ses quelques kilos en trop…

Seulement quelques kilos ? Oui, d'accord, on est loin du compte ! Car c'est devenu dramatique. Catastrophique ! Insidieusement, presque sans s'en rendre compte, Marilyn est devenue obèse. Évidemment, le régime Pringles/M&M's/*Santa Clara* qu'elle entretient depuis sa séparation avec Jérémy n'y est pas étranger. Le médecin, la dernière fois, a posé son diagnostic d'un air si sombre et si grave qu'il lui a fait peur.

— Vous avez vu votre IMC ? Vous frôlez l'obésité morbide. Il faut que vous vous repreniez en main, Madame. Je ne peux que vous conseiller de prendre rendez-vous avec une diététicienne.

Oui, lui avait-elle promis, bien sûr qu'elle allait se reprendre en main.

La diététicienne ? Allez savoir pourquoi, elle repoussait toujours au lendemain sa prise de rendez-vous.

C'est pas bien ! lui soufflait une petite voix moralisatrice, *c'est pas bien, t'as pas encore pris ton rendez-vous !*

Non, non, raillait Marilyn en retour, *je sais, c'est pas bien !*

Une autre qui était championne pour lui faire la morale, c'était sa chère et tendre mère.

— Mais tu t'es vue, ma fille ? Non, mais tu t'es vue ?

Que croyait-elle ? Même si elle fuyait les miroirs et le pèse-personne, oui, elle savait à quoi elle ressemblait…

— T'as toujours été forte, comme ton défunt père, mais là… franchement… tu ne te respectes même plus, ma pauvre fille… Crois-tu que c'est comme ça que tu vas te retrouver un mec ?

Et je ne te parle même pas d'avoir un enfant… Si ça continue, ils vont te poser un anneau gastrique, c'est ça que tu veux ? Prends plutôt exemple sur moi, regarde si à soixante ans j'ai pas toujours la ligne.

Morte de rire ! Tu parles d'un mannequin ! Sa mère était maigre comme un clou, peut-être ! Mais pour le reste, elle était toute ridée, toute fripée, bouffée de l'intérieur par son régime café/clopes/whisky. Au moins, Marilyn pouvait se targuer de n'avoir aucun de ces vices. Elle ne fumait pas, ne buvait pas, et se prévalait d'avoir la sobriété d'une nonne…

À force de se faire agonir sur ses kilos, Marilyn s'était énervée :

— Avant de me faire la morale, balaye devant ta porte !

— Comment ça, balayer devant ma porte ?

C'est ça, parle à mon cul, ma tête est malade ! La mère de Marilyn était dans le déni de son alcoolisme, elles avaient fini par s'engueuler et ne se parlaient plus depuis des semaines.

Tandis que le générique de fin défile, Marilyn crie à l'intention de l'écran plat :

— Tu vas le payer, salope !

À cause de Rebecca, Ridley s'est fait choper par Mason. Celui-là, c'est un vrai gangster, c'est l'homme des basses œuvres de la famille Spencer. Sûr qu'il va le faire chanter… !

Enfin ça, on le saura au prochain épisode…

***

Thomas enfile son bas de jogging, lace sa paire de running, sautille un instant sur place, puis sort de son bureau…

En guise d'échauffement, il dévale les escaliers en faux marbre de l'immeuble, puis déboule sur l'avenue Foch. *Vas-y mollo*, se dit-il tout bas, *sinon tu vas encore risquer le claquage…*

Avant d'obliquer en direction du parc Saint-Roch, il observe le reflet de sa silhouette dans une vitrine. Quelle foulée d'athlète, y a pas à dire ! Puis il zigzague de droite à gauche pour éviter quelques passants. Alors qu'il allonge progressivement sa foulée, Thomas pense à Robertson. À ce foutu contrat avec Robertson qui doit être signé cet après-midi même…

Ces derniers mois, ils n'ont eu de cesse de le répéter : le contrat avec Robertson, c'est le marché américain qui s'ouvre à eux, c'est le Saint-Graal… Mais au fond, tout au fond de lui, il s'en contreficherait presque. Qu'est-ce que cette signature va changer dans sa vie… ?

Un quatrième titre de meilleur commercial du mois…

Super, ça lui fera une belle jambe…

Et après, ce sera quoi… ? On lui demandera de s'attaquer au marché asiatique… Puis ce sera Abu Dhabi, Dubaï, le Qatar, et ainsi de suite…

Le vaste monde n'était pas assez vaste pour Charles Peeters, son patron. Il ne s'arrêterait jamais. Ce n'était pas son style de s'arrêter ; pour lui, s'arrêter, c'était mourir…

Alors qu'il sort du square Saint-Roch, Thomas se répète plusieurs fois mentalement : *s'arrêter, c'est mourir*. Comme pour lui, au fond, s'arrêter de courir, c'était mourir…

Mais pourquoi s'infliger de tels entraînements ?

Pour passer sous les 2 h 30 au marathon ?

Pour se réinscrire à la Diagonale des Fous ?

Non, ce n'est pas uniquement ça, il y a autre chose…

Autant ne pas se voiler la face !

Il court pour oublier, pour oublier qu'il a perdu le fil de sa vie…

Il court jusqu'à s'en bousiller la santé…

Ce matin, pour la première fois, il est passé sous les 63 kilos…

Transformation essentielle et radicale pour un marathonien. En l'espace de quatre ans, à force de s'entraîner, il a perdu plus de quinze kilos. Alors certes, désormais il vole sur le bitume, mais il n'est plus qu'un sac d'os…

Son esprit se vide peu à peu de toutes pensées parasites. Les minutes défilent, il est dans sa course, ne songe plus qu'à sa foulée, souple et déliée. Puis il regarde sa montre… Merde, déjà 13 h 30… !

Thomas s'engouffre dans l'entrée de l'immeuble de la Charles Peeters Cie. Prend par les escaliers. Termine sa course en montant à fond les neuf étages qui le mènent jusqu'au service juridique.

Putain que c'est dur ! Arrivé tout là-haut, il reprend son souffle, s'éponge le front, regarde son cardiofréquencemètre…

191. Ouais, il n'a pas fait semblant…

Thomas laisse les endorphines se déployer dans ses synapses.

Il se sent mieux, beaucoup mieux.

— Salut les filles ! lance-t-il en débarquant dans le secrétariat.

Comme d'habitude, Jessica l'ignore. Marilyn, bien plus affable, le gratifie d'un sourire qu'elle voudrait charmeur. Thomas lui demande de sortir la dernière mouture du contrat de Robertson. Revérifie avec elle une dernière fois les différentes clauses.

— Ça m'a l'air tout bon, dit Thomas.

Marilyn opine du chef tout en le regardant dans les yeux. Il y a un je-ne-sais-quoi de mélancolique, de romantique dans son regard qui la fait craquer. Depuis qu'elle a été embauchée voilà six mois, elle se surprend à fantasmer en douce sur Thomas. Quel dommage qu'il soit si maigre… !

Marilyn regarde Thomas s'éloigner dans son legging.

Laisse tomber, ma vieille, trop maigrichon pour toi, vous seriez vraiment mal assortis !

Et alors, qu'est-ce que t'en sais ? Au diable les convenances, au diable les préjugés…

Son attention se reporte vers sa collègue Jessica.

Jessica/Rebecca : même combat ! L'archétype même de la pétasse blonde peroxydée, intéressée et stupide. Hormis pour le travail, elles ne s'adressent jamais la parole. De quoi voudriez-vous qu'elles parlent… ? Jessica, mis à part causer rimmel et mascara, c'est le néant le plus total, et cette blondasse ne regarde même pas *Santa Clara*!

***

Thomas termine sa boucle en remontant par le boulevard de Strasbourg. Ce soir, il n'avait pas prévu de courir, mais avec tout ce stress accumulé, c'était plus qu'indispensable, il en allait tout bonnement de sa santé mentale.

Jamais vu un tel emmerdeur! Durant les quatre heures qu'a duré la rencontre, le représentant de Robertson n'a fait qu'ergoter et pinailler sur chaque mot, chaque phrase, chaque article, laissant à croire que ce contrat, à plusieurs millions de dollars, allait leur passer sous le nez.

Encore heureux qu'il ait fini par signer!

La pression de ces dernières heures le fait courir encore plus vite. L'effort brûle et calcine ses poumons. Comme s'il n'en avait pas encore assez, Thomas achève sa course par un sprint effréné sur les cent derniers mètres. Puis il s'octroie une marche de quelques minutes pour récupérer. Son corps moite et transpirant atteste qu'encore une fois, il n'a pas fait semblant.

Thomas consulte sa montre. S'il se dépêche de prendre sa douche, il devrait pouvoir assister au coup d'envoi du match de ce soir : PSG-Maccabi Haïfa.

Lui et le foot, c'est loin d'être une grande passion. Mais s'il s'astreint à regarder au moins la Ligue des champions, c'est dans l'unique objectif d'avoir le lendemain un sujet de conversation avec ses collègues, qui eux n'aiment rien tant que discuter football.

Après une douche rapide, Thomas sort son repas du frigo qu'il réchauffe au micro-ondes. La diététique du runner est un élément essentiel s'il veut performer. La plupart du temps, Thomas cuisine et prépare tous ses menus à l'avance pour qu'ils soient parfaitement sains et équilibrés. Le dîner de ce soir ne déroge pas à cette règle : avocat en entrée, suivi d'un blanc de poulet, riz et brocolis.

La Sainte Trinité : protéines, lipides, glucides.

Puis en dessert, ce sera une banane, très précieuse pour sa teneur en minéraux et en potassium.

21 h : le match commence et le PSG engage.

Thomas regarde d'un œil le ballon circuler.

Duels, pressing, centres… ça défend et ça attaque… ça attaque et ça défend… le ballon ne cesse d'être catapulté dans le camp adverse tel un obus qu'on déverserait sur l'ennemi. La muraille de défenseurs du Maccabi est bien en peine de se dégager. Le PSG cherche l'ouverture et finit par la trouver. De l'extérieur du pied gauche, but de Messi.

Le commentateur s'enflamme.

Puis, un peu plus tard, pour on ne sait quelle raison, les esprits s'échauffent. Neymar conteste auprès de l'arbitre et écope d'un carton jaune.

Les bleu et rouge poursuivent leur entreprise de démolition. Ils enfoncent le flanc droit du Maccabi. S'ensuit un but de M'Bappé.

Le commentateur s'embrase.

Deux minutes plus tard, Neymar règle la mire et crucifie le gardien adverse.

Le commentateur prend feu.

Il n'y a plus qu'une seule armée sur le terrain, l'autre est déjà à l'agonie.

Qui a dit : « Le sport, c'est la guerre, les fusils en moins » ? Il croit bien avoir entendu ça quelque part… mais où… ?

Le commentateur le fatigue à force de hurler et de s'extasier dès que M'Bappé touche le cuir. Thomas se saisit de la télécommande et baisse le son du téléviseur.

3-0 après une demi-heure de jeu, on repassera pour le suspens. L'ogre parisien, avec ses millions et ses millions de dollars issus de la pétromonarchie qatarienne, n'a fait qu'une bouchée du Maccabi.

Thomas consulte sur Internet les salaires des trois buteurs du soir.

Salaire de M'Bappé : 100 millions net par an.

Salaire de Messi : 41 millions net par an.

Salaire de Neymar : 37 millions net par an. Soit tout de même 100 000 euros par jour.

100 000 euros par jour pour jouer à la guéguerre, ça fait cher payé. N'y en avait-il pas un qui, un jour, à l'UEFA ou ailleurs, avait parlé de fair-play financier… ?

Thomas se met à bâiller. Comment un tel jeu, foncièrement pas si intéressant, pouvait-il accoucher d'autant de pognon… ?

Sur le terrain, ça continue de galoper.

Dans les tribunes, les supporters crient et chantent. Inutile de vous réjouir trop vite, les gars ! Le PSG, c'est fort avec les faibles, faible avec les forts ! Attendez d'avoir le Barça en face et l'histoire sera toute différente…

Alors qu'en bruit de fond, le commentateur frôle à nouveau l'orgasme, les yeux de Thomas papillonnent, puis il s'endort tout à fait.

***

C'est samedi et Marylin se rend aux Restaurants du Cœur faire son devoir.

Faire son devoir : ce sont bien là les mots de Marilyn. Car ils ne sont plus si nombreux, dans cette société ô combien individualiste, à vouloir aider leur prochain.

Aider son prochain, certes, mais pas seulement ; reconnaissons, pour être tout à fait honnête, que Cookie et *Santa Clara* ne peuvent à eux seuls remplir le temps libre et tromper l'ennui de Marilyn. Depuis maintenant plus d'un an, cet engagement bénévole vient rompre la monotonie de ses week-ends et de ses congés.

Dans l'entrepôt des Restos, Jeff salue Marylin d'une voix atone.

Jeff et sa tête en papier mâché.

Jeff et son haleine de chacal.

153

Il a toujours eu cette tête et cette haleine-là, mais aujourd'hui, c'est encore plus prononcé.

— Café ? lui demande-t-il.

— Oui, merci.

Les deux sont rejoints par Gérard et Annie.

Autour du café fumant, on parle de tout et de rien, de la pluie et du beau temps. Puis Gérard se plaint de son arthrose, Annie de son arthrite. Des maux de petits vieux… Marilyn écoute, ne se plaint de rien, et même si elle ne dit pas grand-chose, le bavardage des trois autres lui fait du bien. Est-ce cela que l'on appelle la chaleur humaine… ?

Une bénévole leur dépose un plein paquet de chouquettes.

— Ce sont, dit-elle, des invendus de chez Lancier.

Marilyn lorgne vers ces petites douceurs. Pourquoi faut-il tout le temps qu'on la soumette à la tentation… ? L'œil toujours rivé dessus, elle ne veut pas être la première à se servir, sinon on va encore la prendre pour une obèse qui n'a que ce qu'elle mérite.

Annie se décide à piocher dans le paquet.

Marilyn la talonne de près.

Les perles de sucre, avec leur petit goût de reviens-y, se diffusent dans son palais. Alors qu'elle se laisse tenter par une deuxième, un gars sur un transpalette interpelle le groupe :

— Eh les feignasses, vous croyez que ça va se trier tout seul ?

— Je crois qu'on devrait y aller, suggère Gérard en retour.

Les quatre terminent leur café et se dispersent dans l'entrepôt.

Marilyn se coltine un amas vaguement répugnant de fruits et légumes à trier. Près d'une bonne moitié est à jeter. Une fois fait, elle rejoint Annie pour remplir les rayonnages de boîtes de conserve. Aujourd'hui, lui apprend-elle, ça fera déjà trois ans que son Jeannot est parti, d'un cancer des poumons. *Et bon Dieu que c'est dur !* Jamais elle n'aurait cru que ce serait si dur. Aucune journée, aucune heure ne passe sans qu'elle ne pense à lui. À la maison, plus personne à qui parler, avec qui rire. *C'est qu'il avait de l'humour le Jeannot, tu comprends, on était parfois pris d'ces fous rires !* Et puis il y a aussi le chien dont elle doit s'occuper. Lui aussi lui rappelle constamment Jeannot. Ces deux-là étaient si liés…

Marilyn sourit et compatit. Dieu seul sait qu'elle comprend bien cet isolement, ce désert affectif.

— Mais tout ça, c'est le passé, poursuit Annie, il faut bien que la vie reprenne le dessus…

Elle répète cette phrase la gorge serrée :

— Il faut que la vie reprenne le dessus…

***

Les résultats de l'entreprise sont excellents, ils ont même dépassé toutes les espérances de Charles Peeters. Et quand bien même certains prétendraient le contraire, Charles Peeters n'est pas chien ! Il sait se montrer généreux. Pour fêter ces bénéfices ô combien mirifiques, il a convié l'ensemble de ses employés à une petite sauterie.

Thomas traîne sa misère au milieu de ses collègues. Parce qu'il est comme ça Thomas, un peu cyclothymique, un coup déprimé, un coup euphorique, et aujourd'hui, voir les gens se réjouir ne lui réchauffe en rien le cœur. En plus, pour assister à ce déballage de foutaises, il a dû annuler son entraînement du soir. Là-dessus, Thomas termine son verre de champagne et s'en envoie un autre…

Charles Peeters monte sur l'estrade et part dans un monologue tout à fait convenu. À quelques variations près, il ressort le même discours tous les ans…

— Toujours plus vite, toujours plus haut, toujours plus fort !

Pourquoi pense-t-il au sexe ? À force de s'arsouiller, voilà que Thomas pense au sexe. Et en ce moment, c'est suffisamment rare pour être souligné. Il n'y a jamais vraiment réfléchi, mais depuis sa séparation avec Alexandra, son désir pour les femmes s'était peu à peu éteint, comme s'il avait cessé d'attendre quoi que ce soit de la gent féminine… même pas une partie de jambes en l'air.

Tony, l'un de ses collègues, lui tape sur l'épaule :

— Quoi de neuf, mec ?

— Bah… rien, pas grand-chose…

— Il ferait bien de changer de discours, non ?

— Qui ça ?

— Peeters là, il nous sert la même rengaine tous les ans…

— Ah ouais… c'est sûr… mais Peeters ne s'arrêtera jamais, ce n'est pas son style de s'arrêter ; pour lui, s'arrêter, c'est mourir, et il veut devenir immortel… J'ai pensé à ça l'autre jour quand je courais…

— Sans déconner ! Si tu veux mon avis, arrête de courir, mec…

— …

— Bon ! J'te sers quoi ?

— Chais pas…

— J'ai vu qu'y avait du Ti-punch, ça te dit ?

— Ouais…

— Au fait, toutes mes félicitations…

— Ah ouais… merci…

— Franchement, décrocher le contrat avec Robertson, c'était pas gagné. Chapeau bas, mec…

Thomas hoche mollement la tête.

— Putain, mais vas-y cache ta joie ! En plus, j'imagine même pas le tas de fric que t'as ramassé au passage…

— Hum… hum… en même temps, j'ai un peu qu'ça à foutre… faire du chiffre et bosser comme un con… Des fois, je me dis : quel sens à tout ça ?

— Mais qu'est-ce qu'il nous chante là… ? Tu nous files un mauvais coton, toi !

Puis Tony s'enquiert de la vie sentimentale de Thomas, ce à quoi ce dernier répond qu'il est plus que jamais célibataire.

— T'es séparé depuis combien de temps, déjà ?

— Trois ans… trois ans et demi presque…

— Ah ouais, quand même, ça fait un peu long… Mais tu cherches au moins ?

— Un peu… pas trop…

— Tu vas sur des sites de rencontre ?

— Non, c'est pas mon truc.

— Faut faire un p'tit effort, mec. Même avec ta bonne gueule et ton compte en banque qui déborde, ça va pas te tomber tout cuit dans le bec… Et puis si j'ai un conseil à te donner : mets la pédale douce sur la course à pied. Quand je t'ai connu, t'étais plus stock, mec… Courir c'est bien, mais là franchement, tu fais peur… On dirait que t'es devenu un putain de squelette…

— Ça doit être ça, Jessica a dû me trouver trop maigre…

— T'as essayé de te taper Jessica ?

— Ouais…

Tony éclate de rire.

— Mais t'es malade, vieux. T'es un grand *malade* ! Tu veux te faire virer ou quoi ?

— Pourquoi je me ferais virer ?

— Mais Ducon, elle se tape le patron !

— Sérieux ?

— Mais tu vis sur quelle planète… ? Tout le monde le sait ! … T'es ouf d'avoir voulu te la taper !

— Pardonne-moi, mais j'aime le beau, les belles femmes, je suis un esthète, c'est tout.

— Peeters aussi il aime les belles meufs, comme tout le monde, et il est pas très partageur… S'il l'apprend, t'es dans la merde…

— Bah… je m'en fous…

— Et tu t'es pris d'autres râteaux ?

— Ouais, un ou deux.

— Raconte-moi un peu ça…

Ce type l'exaspère, il n'a jamais pu s'empêcher de jouer au fouille-merde. Thomas demeure silencieux, le visage fermé, ce qui n'empêche pas Tony de poser son diagnostic.

— La clé de tout ça, c'est la confiance. T'as perdu grave confiance en tes capacités. Mais c'est pas un problème, t'as qu'à suivre les conseils de ton pote Tony et d'ici peu, tu vas devenir un vrai aspirateur à gonzesses…

Thomas lève les yeux au ciel.

— Écoute-moi bien, poursuit Tony, il faut juste que tu recommences en douceur. Tout en bas de l'échelle. Au lieu de vouloir te taper Jessica, tape-toi plutôt sa collègue, par exemple…

— Tu rigoles ou quoi ?

— J'ai l'air de rigoler ?

— Tu veux que j'aille draguer Marilyn ?

— Et pourquoi pas… ?

— T'es gentil, mais je suis pas désespéré à ce point-là.

— Tu comprends rien à rien, mec ! Ça ne peut que te redonner confiance.

— Pffft… n'importe quoi…

— Mais si, crois-en mon expérience… C'est comme quand t'as été embauché… Je te le dis, tu commences en bas de l'échelle et tu grimpes petit à petit… Tu te fais un laideron… ensuite une moins moche… C'est comme un cercle vertueux, le succès appelle le succès, et après tu verras, tu finiras par te taper… je sais pas moi… Laetitia Casta…

— Ouais, mais apparemment, dans l'immédiat, c'est pas la Casta qui m'attend.

— Écoute mec, tu fais trop ton difficile. Ta bite ne fera pas la différence. Un trou est un trou, une bite n'a pas d'œil !

— Arrête, tu causes comme un gosse de quinze ans…

— Et alors, t'as pas quinze ans, toi ?

— Pas vraiment, non. J'ai passé l'âge de tes conneries.

— En plus, je suis sûr qu'elle te kiffe, ça va être du gâteau.

— J'en suis pas si sûr.

— Mais t'es miro ou quoi ? T'as jamais remarqué comment elle te regardait ?

— Bah non…

— Elle te dévore des yeux, mec. Alors, qu'est-ce que t'en dis ? Tu la ramones un bon coup, un p'tit coup de giclette et on en parle plus…

— J'ai passé l'âge de tes conneries, j'te dis.

Les deux en sont à leur énième Ti-punch. L'esprit de Thomas s'est peu à peu engourdi et transformé en une coquille aussi vide que celle de son acolyte du jour. L'abjection des propos de Tony ne l'indigne même plus.

— Ok, finit-il par dire, je me tape Marilyn, si tu te tapes…

Thomas examine l'assemblée d'un œil vague.

— Si tu te tapes Vanessa…

Le regard de Tony s'arrête sur cette dernière. Il la passe en revue comme s'il était jury d'un concours de bétail.

— Là tu m'as pas gâté, mec… T'as vu la gueule de ses dents… on dirait… on dirait une dentition de cheval…

— C'est à prendre ou à laisser… Toi, tu prends le canasson, moi je prends l'hippopotame…

— Ok, tope-la…

Les deux concluent leur accord d'une frappe dans la main. Puis Tony sort de son veston un petit sachet de poudre. Il le tient dans sa paume de façon à le cacher d'éventuels regards indiscrets.

— Allez tiens mon pote, c'est cadeau…

— Qu'est-ce que c'est que ce truc ? De la coke… ?

— Mieux que ça, mec ! C'est de la 3 MMC, un truc qui va l'envoyer au plafond, et ça va te rebooster, te désinhiber grave. Depuis que j'en prends, je te raconte même pas la gueule de mes soirées, un pur délire…

— Non merci, ça me fout les jetons ce genre de produit.

— Mais t'inquiète, c'est totalement safe. J'en ai pris plein de fois, sans aucun souci.

Tony lui fourre d'autorité le sachet dans la poche. Les deux trinquent d'un dernier Ti-punch, puis s'éloignent vers leurs proies respectives.

— Toujours plus vite, toujours plus haut, toujours plus fort !

Un tonnerre d'applaudissements hypocrites accueille la fin du discours de Peeters. Lorsque Thomas arrive à la hauteur de Marilyn, celle-ci s'apprête à enfiler sa veste.

— Tu pars déjà ?

— Oui, c'est pas le genre de soirée que j'apprécie vraiment.

— Comme je te comprends. En plus ce discours de Peeters… était… comment dirais-je…

— Barbant…

— C'est ça ouais, barbant, comme tous les ans… Ce serait dommage que tu partes sans qu'on ait bu un p'tit verre ensemble.

— Je ne bois pas, Thomas.

— Comment ça ? Tu ne peux pas partir sans qu'on ait trinqué. Si on a signé le contrat avec Robertson, c'est aussi en partie grâce à toi.

— Tu le crois vraiment ?

— Bien sûr ! Tu es une travailleuse de l'ombre, personne ne fait trop attention à toi, mais j'ai toujours pensé que ton travail n'était pas reconnu à sa juste valeur. Sans toi, rien n'aurait été possible…

— C'est drôlement gentil, ça.

— Ce n'est pas gentil, c'est juste la plus stricte vérité. Allez tiens, v'là un Ti-punch, je peux t'assurer qu'il est mortel…

Marilyn se saisit du verre que lui tend Thomas, puis porte le Ti-punch à ses lèvres charnues.

— Alors, ça passe tout seul, hein ?

— Oui j'avoue, c'est très très sucré…

Thomas se retourne alors vers Tony. Alors qu'il est en pleine discussion avec Vanessa, il lui renvoie un clin d'œil appuyé.

— Quel con celui-là !

— Tu parles de Tony ?

— Ouais.

— Tu as raison, je ne peux pas le voir en peinture… il est si vulgaire… mais je pensais que c'était ton ami ?

— Non. Je n'ai pas d'amis ici, Marilyn, juste des collègues de travail. Et Tony, je te l'accorde, est effectivement un peu plus vulgaire que les autres.

Tandis que leur discussion patine sur les futurs projets de Charles Peeters, Marilyn pense qu'il est fort étrange que Thomas s'intéresse autant à sa petite personne, même s'il fallait le reconnaître, il avait toujours été l'un de ceux qui l'ignoraient le moins au sein de l'entreprise.

Marilyn l'observe entre deux gorgées de Ti-punch. Thomas est bizarre ce soir. L'expression de son visage oscille constamment entre la tristesse et l'excitation. Le pauvre petit poussin, il a dû tellement en baver dans sa vie personnelle. Peut-être n'est-ce qu'une supposition, car au fond, elle ne le connaît pas plus que ça. Thomas est d'une grande discrétion pour tout ce qui concerne sa vie privée, mais ça crève les yeux qu'il a dû en baver plus souvent qu'à son tour, elle le sent et le voit à l'éclat brillant et malheureux de son regard.

Tu vois le mal partout, se rassure-t-elle, *Thomas s'intéresse sans doute authentiquement à toi. Pourquoi ne pas lui laisser sa chance ?* Thomas, c'est tout simplement le gentil garçon qui n'a pas eu de chance en amour. En cela, il lui rappelle un peu Ridley de *Santa Clara*. Mais elle ne sera pas comme toutes ces immondes pétasses ; si Dieu le veut, elle saura bien s'en occuper.

Oui, en voilà un qu'elle saura bichonner.

Marilyn s'est insensiblement rapprochée de Thomas. Physiquement, elle l'impressionne. Elle est aussi grande que lui, mais surtout beaucoup plus large. Elle a tout de la catcheuse, de la lutteuse de foire. Combien y a-t-il de kilos sous cette robe triple XL… ? Alors qu'il continue de se pinter, Thomas cherche à entretenir une conversation vacillante.

— C'est une jolie robe que t'as là…

— Hum… Hum…

— Elle te met en valeur.

— Hum… Hum… elle cache surtout mes formes…

— Bah… t'as tort… moi j'aime bien les formes…

— Même à ce point-là…

— Bah ouais… faut bien un peu de prise…

— T'es trop bête ! rigole-t-elle.

Thomas regarde l'assemblée. Tony et Vanessa ont disparu. Il n'a pas perdu de temps, le salaud ! Sûrement qu'il devrait en faire autant.

— Ça te dit qu'on aille se boire un verre chez moi ?

— Euh… je ne sais pas…

Elle ne sait pas ! Bordel de dieu ! S'il se prend un vent par Marilyn… c'est la fin, la fin de tout !

— Je préfère qu'on aille chez moi… j'habite à deux pas d'ici…

— Comme tu voudras…

***

Thomas et Marilyn quittent la soirée sous l'œil interloqué de quelques collègues. Lui s'en fout, il est gorgé, sursaturé de Ti-punch… alors le qu'en-dira-t-on, il s'en tamponne le coquillard…

Ils remontent la rue. Le pas chancelant de Thomas ne cesse de rebondir contre la hanche fort généreuse de Marilyn. Ils passent ainsi d'un quartier à l'autre, chacun perdu dans ses pensées.

— J'habite là, lui annonce-t-elle.

Marilyn pianote sur le digicode. Puis Thomas pousse la porte de l'immeuble, se retourne, la prend par la taille et l'embrasse.

Colossal. Pharamineux. Putain, mais quel tour de taille ! Même pas la peine d'essayer d'en faire le tour.

— Pourquoi tu fais ça ?

Il répond d'une voix traînante :

— Parce que j'en ai envie… parce que j'ai envie de toi…

Marilyn rougit. Serait-il enfin possible qu'un homme passe outre ses kilos en trop… ? Ils montent un étage, puis s'engouffrent dans l'appartement. Marilyn allume la lumière, et aussitôt, son chat se met à feuler. Les poils hérissés, il est prêt à bondir sur Thomas.

— Cookie, mon chéri, calme-toi s'il te plaît. Excuse-le, il n'a pas l'habitude de voir du monde.

Thomas prend ses distances avec le chat, puis va s'écrouler sur le canapé.

— C'est mignon chez toi…

— Tu trouves ?

— Ouais carrément…

Cookie le fixe d'un œil torve.

— Marilyn, ton chat me fait peur.

— Ne t'inquiète pas, c'est un chat tout gentil, il n'a jamais griffé personne… Tu veux boire quoi ? … Un Coca… ? Un Fanta… ?

— T'as pas plutôt un rhum ? Je resterais bien sur ma lancée…

— Non, je n'ai pas d'alcool… Je t'ai dit que je ne buvais pas…

— Ah merde ! … Je vais aller voir chez l'Arabe du coin…

— Attends, il me reste peut-être des bières, je m'en sers parfois pour faire des crêpes.

Marilyn se dirige vers la cuisine, ouvre le frigo.

— Ah voilà ! Il me reste trois bières, trois Heineken…

— C'est parfait ! braille-t-il du canapé. Envoie la Heineken…

Thomas ne boit pas souvent, mais lorsqu'il picole, il ne fait pas le déplacement pour rien. Et cette fois-ci, il sait qu'il va se mettre minable comme rarement. À mesure qu'il enquille les bières, il s'enfonce dans un état d'ébriété sans retour.

Marilyn a baissé la lumière de l'halogène pour instaurer une ambiance plus intime. Au fil des minutes, elle ouvre son cœur à Thomas, lui parle à mots couverts de ses échecs, de ses espoirs, de cette chienne de vie qui ne l'a pas épargnée. Marilyn se sent à la fois exaltée et affreusement nerveuse. Elle ouvre un paquet de M&M's. Se gave de dragées, les enfourne dans sa bouche par poignées…

Scrunch… scrunch…

— Tu sais, si je me remplis autant, c'est pour combler un vide affectif… mais tu vois, maintenant, tout ça c'est terminé…

Thomas essaye de donner le change, mais il est comme paralysé, démoli par l'alcool. C'est qu'elle finit par l'emmerder avec ses problèmes, il n'est pas venu là pour ça…

— T'as pas une paille ? la coupe-t-il.

— Une paille ?… Je sais pas… peut-être… pourquoi ?

— Va chercher une paille, tu verras bien…

Thomas dispose deux lignes de 3 MMC sur la table basse.

— C'est quoi ça ? dit-elle en lui tendant une paille. On dirait de la neige…

— Ouais, c'est une belle poudreuse, hein ? Tu vas voir, ça glisse tout seul.

Thomas n'y voit plus clair, les deux lignes de poudre se fracturent puis se mettent à onduler devant ses yeux. Il secoue la tête comme s'il voulait reprendre ses esprits, et se penche en avant pour sniffer la première ligne d'un coup sec.

Alors que Thomas lui tend la paille, Marylin le regarde, inquiète.

— Je ne sais pas si je dois…

— T'inquiète. C'est safe. Totalement safe. Et puis je te sens un peu stressée, ça va juste nous aider à prendre du bon temps.

Sur ce point, Thomas a raison. *Il lit en moi comme dans un livre ouvert*, pense-t-elle. *Ça fait des années que tu n'as pas fait l'amour à un homme. T'as l'air si gourde et si timide…*

— Allez, à toi de jouer, ma grande… Vas-y, j'te dis, ça peut pas te faire de mal…

***

C'est ce qu'on appelle l'effet waouh ! Dans la semi-obscurité du salon, les yeux de Marylin brillent comme ils n'ont jamais brillé. Les feux de l'amour brûlent en elle avec une telle force. Depuis combien de temps n'a-t-elle pas ressenti ça ? L'a-t-elle seulement déjà ressenti ? Elle avait éprouvé beaucoup d'affection pour Jérémy, mais c'était sans commune mesure avec cet élan, cette subite envolée du cœur. Elle tient là son futur mari, le père de ses enfants. Elle le sent dans ses tripes, dans l'ardeur de ses pulsations cardiaques. Oui, grâce à Dieu, Thomas sera le père de ses enfants…

— Tu n'as pas eu d'enfants ? lui demande-t-elle.

— Des gosses, non, pour quoi faire ? se marre-t-il.

— Tu n'en veux pas ?

— Ça j'en sais rien ! Tout ce que je sais, c'est que leur mère aura intérêt à bien s'en occuper.

Pour ça qu'il ne soit pas inquiet, elle a l'instinct maternel, elle saura y faire. Mais pour l'heure, il va bien falloir faire plaisir à son homme.

Sa mère lui avait dit : *Un homme, on le retient grâce au sexe et à sa cuisine.*

Commençons par le sexe.

— Viens, mon homme, lui lance-t-elle.

Thomas tente de se lever, sans succès. Elle le soutient dans sa seconde tentative et l'accompagne jusque dans sa chambre.

Il se laisse tomber sur le lit.

Marylin allume une lampe de chevet, puis éteint la lumière principale pour obtenir une ambiance plus tamisée.

Ce produit qui s'est introduit dans ses narines est fantastique. Elle n'a plus honte de ce corps si lourd, si peu attrayant. Et si elle dansait pour son homme ?

Tandis qu'elle se déshabille, elle improvise une danse du ventre qu'elle souhaiterait légère et lascive.

— Alors ça te plaît, hein ?

— Hmmmpf…

Thomas n'est plus en mesure d'articuler une phrase intelligible. Des formes gargantuesques flottent et ondulent devant ses yeux. Ça lui fiche une de ces nausées ! Marilyn ferme la porte, puis se couche à côté d'un Thomas perdu dans les abysses de la défonce.

Elle embrasse deux lèvres inertes.

— Tu pues l'alcool, mon cochon ! lance-t-elle en riant.

Puis elle prend l'initiative de lui enlever son pantalon. Thomas maugrée, mais ne peut que se laisser faire. Le mélange alcool/3 MMC ne lui sied guère. Il se sent devenir à moitié paranoïaque. Comme s'il pressentait quelque danger imminent. Puis il se met à frissonner, il a subitement l'impression d'être pris dans le train fantôme d'une attraction de foire…

Le train file, file le long des rails à toute vitesse…

C'est quoi ce bad trip… ?

Quelle chierie ! Thomas voudrait se lever, partir, s'enfuir loin d'elle, mais il est exsangue, sans force…

— Touche-moi mes gros lolos, lui susurre-t-elle, regarde-les comme ils sont beaux…

Marylin, tout en déplorant le manque d'enthousiasme de Thomas, entreprend de sortir son pénis du caleçon. Puis elle tente de le masturber. Mais le petit concombre de son partenaire ne grossit pas. Bien loin de dresser pavillon, celui-ci reste comme alangui dans la main de Marilyn.

C'est bien la peine de se donner tant de peine ! Elle s'énerve subitement sur ce morne pénis.

— Cette nuit, ma petite carotte, tu vas m'honorer… Je te le dis, tu vas m'honorer !

Elle le branle d'une façon si ferme et si véloce que sa main rebondit contre les bourses de Thomas. La douleur lui irradie le bas-ventre et le réveille.

— Tu me fais mal, arrête…

— Excuse-moi, excuse-moi… J'ai tellement envie de te faire plaisir…

— C'est ça, ben une autre fois peut-être…

Marilyn n'aime pas le ton, méprisant et dédaigneux, qu'il s'est permis d'employer.

— Comment ça, peut-être !

Thomas s'abstient de répondre. Puis, tout en continuant à l'astiquer, Marilyn se lance dans une tendre tirade.

— Entre nous, je sais bien que ce n'est pas qu'une histoire de sexe, c'est beaucoup plus profond que ça… il y a des sentiments, beaucoup de sentiments, je l'ai bien vu tout à l'heure à ton regard. Un regard comme le tien ne ment pas. Quand on se reverra, je te ferai un bon petit repas, et puis…

Dans son semi-coma, Thomas trouve la force d'articuler :

— Fous-moi la paix… je t'en prie, fous-moi la paix… Et puis arrête de te faire des illusions… on ne se reverra pas.

À ces mots, Marilyn demeure un instant interdite. Puis un torrent de colère, stimulé et transcendé par la drogue de synthèse, lui submerge les méninges.

— Comment ça ?! hurle-t-elle. Comment ça ?! Explique-moi pourquoi ?

Face à l'absence de réponse, elle prend les testicules de Thomas à pleine main et commence à les tordre. Il laisse échapper un cri de souffrance.

À l'aide de ses deux mains, il se saisit du poignet de Marilyn, tente de lui faire lâcher prise. Mais c'est qu'elle a une poigne de mammouth. Il la supplie d'arrêter.

— Je m'arrêterai que si tu m'expliques. Je veux comprendre, tu m'entends, je veux comprendre !

— Oui je t'entends… C'était qu'un pari, je suis désolé… une connerie de pari…

Marilyn rembobine le fil de la soirée. Elle revoit les regards cyniques et délurés des deux gars se poser tour à tour sur elle-même puis sur Vanessa, et c'est tout naturellement qu'elle découvre le pot aux roses.

— T'as parié avec l'autre salaud que vous alliez vous taper les plus moches de la soirée.

Que lui répondre ? Thomas, le visage déformé par la douleur, demeure silencieux.

— C'est bien ça, hein ?

Qui ne dit mot, consent !

C'est immonde, abject, infâme… Comment ont-ils pu oser faire ça… ? Marilyn lance des cris aigus, hystériques, elle délaisse les bourses de Thomas, se saisit de sa bite molle, le traite de dégénéré, d'inverti, d'impuissant…

— Je devrais te couper la bite, hurle-t-elle, je devrais te couper la bite et t'émasculer !

Puis son hystérie retombe d'un coup.

— Alors si l'on ne doit pas se revoir, laisse-moi au moins t'offrir ta plus folle nuit d'amour !

Sans prévenir, Marilyn saute sur Thomas et l'aplatit comme une galette. Les pieds du lit craquent mais tiennent bon. Elle se place à califourchon, vient se frotter tout contre lui.

— Fais-moi jouir, salopard, fais-moi jouir !

Puis elle écrase le visage de Thomas avec son sexe.

Il est pris d'une folle panique. Il lui tambourine les côtes, mais ses poings ne font que s'enfoncer dans une chair flasque et gélatineuse. Elle le comprime, l'écrabouille avec une touffe luxuriante, oppressante. Cette fourrure chaude et humide s'agrippe comme un bâillon sur son nez et sa bouche. Il étouffe, suffoque, s'agite en tous sens, lui assène de multiples coups au visage. Marilyn parvient à se saisir de ses poignets qu'elle plaque contre l'oreiller. Elle use de tout son poids pour lui maintenir les bras en croix.

Dans un ultime sursaut désespéré, Thomas lui mord l'entrejambe. Elle l'insulte et lâche prise un bref instant. Thomas parvient à la faire basculer et chute du lit avec elle.

Dans le même mouvement, la lampe de chevet tombe avec fracas, plongeant la chambre dans l'obscurité.

Le cœur de Thomas, en totale surchauffe, fait de douloureuses embardées. Faut qu'il se taille d'ici, et vite ! Tandis qu'il avance à quatre pattes dans le noir, il perçoit les vibrations d'une masse lourde, éléphantesque, qui se rapproche…

— Viens un peu par-là, mon p'tit Tom, reviens voir maman… Ne crains rien, mon p'tit Tom, maman ne va pas te faire de mal…

Quelque part dans la chambre, ils entendent feuler Cookie. Le dos rond, il est prêt à bondir…

— C'est bien mon chaton, ne le laisse pas filer. Maman n'en a pas fini avec ce salaud.

Comme répondant à cet appel, plusieurs coups de griffes, accompagnés d'un miaulement surnaturel, lacèrent soudainement les mollets du salaud.

Thomas hurle à la mort. Il veut se remettre debout, mais se prend les pieds dans la robe de Marilyn. Il se réceptionne lourdement sur le coude. La douleur est si aiguë qu'il hurle à nouveau. Toutes griffes dehors, Cookie en profite pour tracer de profonds sillons sur les bras de Thomas. Une gifle lancée au hasard l'atteint en pleine gueule. Ayant repéré sa cible, Thomas balance un coup de talon et envoie valdinguer l'animal contre le mur.

Cookie se ramasse sur lui-même, puis file d'un trait se planquer sous le lit.

— T'as fait du mal à mon chat, gronde Marilyn, tu vas voir ce que tu vas voir…

Un liquide poisseux coule le long de l'avant-bras de Thomas.

La sortie. Où est cette putain de sortie ?

Il scrute la chambre avec des yeux affolés, il fait noir, si noir qu'il n'arrive pas à s'orienter. Il relève la tête et se la cogne contre un rebord de meuble.

— Viens mon petit Ridley, viens voir maman…

Elle déjante ou quoi ! C'est qui ce Ridley… ?

Thomas atteint un angle de la chambre, se met à genoux, fait glisser ses mains à tâtons le long du mur, il ne doit pas être si loin de la porte, mais c'est à ce moment qu'elle l'agrippe.

— Coucou mon p'tit Tom, c'est maman…

— Non, crie-t-il, lâche-moi ! Lâche-moi !

Jérémy, Baptiste, Maxime, Tony… Il était écrit que Thomas allait payer pour son forfait, et pour ceux de tous les autres.

La chambre vibre d'un grondement caverneux.

— Misérable… misérable petite merde… je vais… je vais…

Marilyn le soulève tel un fétu de paille, puis le catapulte avec sauvagerie à travers la pièce. Elle se surprend elle-même de voir avec quelle étonnante facilité elle l'a soulevé et balancé.

Forte comme son père ! aurait dit sa mère.

Et si elle recommençait ?

Ça lui apprendra à vivre, tiens !

Marilyn fond sur Thomas avant qu'il n'ait pu se relever. Elle l'empoigne, et dans un mouvement d'haltérophile, écrase violemment le corps désarticulé contre le cadre du lit.

Thomas en est comme cisaillé. Un élancement insensé rayonne dans tout son corps. Alors qu'il essaye de se remettre sur ses jambes, il s'aperçoit qu'elles ne répondent plus…

Le visage de Thomas se baigne de larmes. C'est pas possible ! Serait-il devenu tétraplégique… ? Ses jambes, ses jambes si précieuses, qui ont couru des milliers et des milliers de kilomètres, ne répondent plus…

Marylin enjambe le corps gémissant, puis reprend à califourchon, sa position favorite. Thomas tente de lutter, les dents serrées, un masque d'argile figé dans une résistance acharnée.

Des membres indéterminés le frappent de part en part. Marilyn l'écrase de tout son poids. Les maigres flancs de Thomas gonflent sous la pression et menacent d'éclater. Elle lui suce la chair du crâne avec sa bouche chaude et baveuse.

— Mon p'tit Tom, si tu savais combien maman t'aime…

— Arrête, sanglote-t-il, arrête…

— C'est l'heure de la tétée, mon petit Ridley…

— Non ! Non ! Non !

Thomas étouffe sous l'opulente poitrine. Il cherche à mordre, mais un flot adipeux envahit sa bouche. Sa mâchoire est bloquée par un monstrueux bourrelet. Marilyn s'acharne sur lui. Elle le gave de chair grasse. Il s'étrangle, un épouvantable gargouillis étouffé sort de sa gorge. Tandis que Thomas s'asphyxie, Marilyn l'enserre de ses bras puissants.

— Là, là ! Ça va aller… Ça va aller, mon p'tit Tom.

Il est pris au piège, sans la moindre chance d'évasion. Sous l'énorme masse, les mains de Thomas s'épuisent dans une folle et vaine agitation, puis s'arrêtent dans un dernier soubresaut.

Marilyn desserre son étreinte, prend Thomas dans ses bras, puis elle se met à le bercer telle une poupée de chiffon.

— Maman t'aime tellement, mon petit Ridley… Comme tu dors bien, mon bébé…

Là-dessus, Marilyn renifle et s'aperçoit qu'elle saigne du nez. Elle laisse choir Thomas pour se diriger vers la salle de bains. Ouvre l'armoire à pharmacie, trouve du coton, en arrache un morceau pour s'en garnir la narine. Elle s'observe un instant dans la glace. Son visage, contusionné par les coups reçus, est couvert de bleus. Son corps, obèse et massif, est parcouru de larges traînées de sang. Le miroir lui renvoie deux pupilles diaboliquement dilatées.

— T'as de beaux yeux, tu sais, ricane-t-elle.

Comme si l'effort lui avait ouvert l'appétit, l'estomac de Marilyn se met à gargouiller. C'est alors que la tête de Cookie apparaît dans l'entrebâillement de la porte.

— Toi aussi tu as faim, mon chéri ? Attends un peu, maman va te préparer ta pâtée.

En repassant par la chambre à coucher, Marilyn s'arrête, presque étonnée d'y trouver un corps étendu à même le sol. Tout autour, c'est une dévastation, tout a été mis à sac, comme si une horde de vandales était passée par là. Le pâle rayon de lumière en provenance de la salle de bains éclaire le corps décharné et disloqué de Thomas. Le visage de Marilyn s'est figé en une expression boudeuse. D'une façon ou d'une autre, ce tas d'os allait devoir débarrasser le plancher !

Trois jours plus tard, le journal local fera état du corps d'un homme repêché dans la Seine.

Rencontre vénéneuse

Par Alain Maufinet

Cette nouvelle est adaptée d'une histoire vraie. Une histoire célèbre aux États-Unis qui a déjà été adaptée au cinéma avec le film Monster *où Charlize Theron incarne à merveille la tueuse en série Aileen Wuormos.*

Cette dernière est née en 1956 sous le nom de Susanne Carol Pittman dans le Michigan, aux États-Unis. Elle a un frère aîné prénommé Keith. En 1960, sa mère les abandonne à ses parents. Son père, reconnu pédophile, se suicide en prison. Adoptés légalement par leurs grands-parents, les deux enfants prennent leur patronyme Wuornos. Dès ses quinze ans, chassée par son grand-père, Aileen se prostitue pour vivre. Elle fait régulièrement l'objet de poursuites judiciaires pour des comportements violents.

En 1986, elle rencontre une femme de ménage, Tyria Moore, à l'existence mouvementée. Elles s'installent ensemble. Aileen Wuornos reproche souvent à ses « clients » de la martyriser, voire à certains de l'avoir violée. Une colère incontrôlable va la dominer peu à peu. Elle finit par assassiner par balles au moins sept hommes en Floride de 1989 à 1990. Condamnée plusieurs fois à la peine capitale, Aileen est exécutée par injection létale le 9 octobre 2002 à la prison d'État de Floride.

Curieuse rencontre.

Surpris par un orage violent, je m'étais réfugié dans une auberge isolée. Sur place, il n'y avait qu'un voyageur. Instantanément, il s'est épanché. Sa rencontre avec un mourant le perturbait visiblement depuis longtemps. Son prénom, Arthur, et sa confession résonnent toujours dans ma mémoire. Prétendre que tout est vrai m'est impossible.

***

Confession
Mai 2022

Bénévole, Arthur était dans le véhicule de tête d'un convoi humanitaire destiné à aider la population d'un pays envahi. Infirmier, il devait atteindre la frontière entre la Pologne et l'Ukraine. Arthur était fermement décidé à s'enfoncer au cœur du pays assiégé par la Russie. Dès son arrivée, il croisait une gamine en pleurs. Elle l'entraîna vers sa famille très éprouvée. Le père, Pavlo, repartait vers Kharkiv. Son aller-retour lui permettait uniquement de mettre sa famille à l'abri. Très vite, Arthur envisageait de saisir sa chance et de conclure un marché pour parcourir deux mille kilomètres en Ukraine. Le coffre rempli de médicaments, la frontière fut passée sans encombre. Pavlo et Arthur croisaient des files de véhicules et de piétons. Peu nombreux étaient ceux qui les précédaient ou les suivaient. Au rythme d'explosions lointaines et traumatisantes, ils se relayaient au volant.

Le deuxième jour, Pavlo remplissait le réservoir quand un sifflement strident s'imposa. Une femme hurla, une explosion fracassante secoua la route. Une colonne noire s'éleva non loin comme un mauvais présage.

Deux jours plus tard, au crépuscule, Kharkiv apparaissait. Dès les premières maisons, un groupe d'hommes barrait la route.

175

— Ils sont de la territoriale, précisa Pavlo.

Les passeports furent exigés. Un gradé s'adressa à Arthur qui proposait ses services d'infirmier. Les quatre croix de son épaulette indiquaient qu'il était capitaine. Son français était approximatif, mais Arthur comprenait l'essentiel.

— Venez, un prêtre français, de mère ukrainienne, agonise. Il veut parler à un de ses compatriotes.

Arthur suivit la direction d'un bras. Dans un fossé, un corps recouvert d'une couverture était soutenu par une jeune secouriste. La voix de l'agonisant ne pouvait que surprendre par sa puissance.

— Un secouriste français, j'ai de la chance.

— Je l'espère pour vous.

— Inutile de me prodiguer des soins. Je sais que je vais rejoindre ce soir ceux qui m'ont précédé, mes anciens. Avant, je tenais à me confesser à un concitoyen qui pourra, s'il le souhaite, le faire à ma place.

Sans attendre la réponse d'Arthur qui posait sa trousse de secours, le prêtre ferma les yeux. Son débit de paroles fut d'abord rapide. Il imposait à son interlocuteur un bond de trente-deux ans dans le passé.

— J'ai rencontré une femme, Ashley Wuort, en bordure de l'autoroute 19 dans le comté de Citrus en juin 1990, de mémoire. Vous vous souvenez sans doute de cette tueuse en série américaine. Les médias l'avaient surnommée « La Dame de la Mort ». En ce temps-là, la fougue de la jeunesse m'avait conduit à entreprendre un grand périple au Canada et aux États-Unis. Deux mois après, je devais prendre mes fonctions dans une société internationale à New York. Je roulais en chantant, heureux de mon périple et de mes rencontres. C'est alors que tout s'est brisé quand j'ai vu une jeune femme qui me faisait signe. Torse nu, elle était au milieu de la route, à côté d'une voiture. La situation était surréaliste, elle tenait un pistolet à la main. Je freinais et descendais sans comprendre. Ashley hurlait des mots orduriers à un homme situé devant le capot avant du véhicule. Je ne voyais que ses bras croisés derrière la tête. J'avais l'impression d'arriver sur le tournage d'un film sordide, mais je ne distinguais aucune caméra, pas une seule équipe de tournage. En m'avançant, j'ai essayé de calmer cette situation irréaliste. La femme ne me regardait pas. Je n'ai plus en mémoire les mots que j'ai dû prononcer, mais les deux protagonistes ne paraissaient ni me voir ni m'entendre. Brusquement, le flot des paroles d'Ashley s'est interrompu. L'homme a gémi, en hurlant pardon. J'ai tenté d'intervenir encore, convaincu d'apaiser cette situation. C'est la colère du pistolet qui a mis un terme définitif à mes appels à la clémence. L'homme a crié, les mains devant lui, puis s'est affaissé. Ses gémissements se sont transformés en râle. Horrifié, je me suis avancé pour mieux l'apercevoir. Le corps de l'homme sans pantalon, criblé de balles, tremblait un peu. Je me suis retourné vers Ashley qui affichait un méchant sourire. Elle a subitement paru remarquer ma présence, en remettant nonchalamment sa blouse et en réajustant ses vêtements. Elle m'a crié son prénom, sans attendre le mien. Tout était allé si vite, toute question était inutile. Son regard étrange m'enveloppait.

***

Le blessé reprenait son souffle. En l'écoutant, Arthur avait l'impression qu'il ne souffrait pas et qu'il n'avait pas de blessures graves. Arthur avouait ne pas avoir bien compris les propos du prêtre. Si la femme citée devait être connue de tous, à en croire l'agonisant, il peinait pour mobiliser sa mémoire. Même si le lieu de la confession n'était pas un endroit idéal, Arthur lui fit signe de poursuivre.

— Ashley m'a demandé de l'aider comme si la situation était banale. Elle m'a tendu son arme en me disant qu'elle tenait à dénuder l'homme complètement, avant de l'abandonner aux yeux de la terre entière. Sans cacher son profond mépris, elle marmonnait des chapelets d'insanités. Ses mains tremblaient de colère. Sans hésiter, je l'ai aidée, sans vraiment connaître la raison qui me poussait à agir de la sorte. Elle m'a indiqué un sac-poubelle en me demandant de regrouper les vêtements et les chaussures de la victime. Ashley agissait sans précipitation, comme si elle savait que nous ne croiserions personne. Je l'épaulais comme un automate, en refusant de réaliser qu'un meurtre venait de se dérouler. La victime avait peut-être encore un souffle de vie, je ne m'en préoccupais pas. Mon cerveau était vide. Ashley a ouvert le portefeuille de l'homme sacrifié ; compté et pris l'argent ; dispersé sur le corps les cartes de paiement et les papiers d'identité. Elle m'a souri en me voyant décontenancé au milieu de la route. Puis elle m'a expliqué que nous pouvions partir et abandonner son violeur. J'ai voulu intervenir. « On ne peut pas le laisser ainsi ! »

Ashley ne m'a pas répondu. Elle a repris son arme ; donné un coup de pied entre les cuisses du cadavre ; craché une dernière fois sur le torse ; poussé un long hurlement d'animal vers un ciel azur. D'un geste directif, elle m'a demandé de suivre son véhicule. En emportant le sac rempli de vêtements, elle a toutefois évité de rouler sur le cadavre. Elle conduisait calmement, sans vitesse excessive. Mon voyage prenait une tournure inconcevable. Je suivais une femme qui n'était pas vraiment belle, mais qui m'avait totalement ensorcelé par son regard étrange. J'aurais pu faire demi-tour, continuer mes vacances, éviter les ennuis. Mais je l'ai suivie. En bordure d'un bois, Ashley s'est arrêtée pour jeter le sac rempli des vêtements du cadavre. Elle devait me déclarer plus tard qu'elle n'avait pas tenu à perdre son temps à brûler et à respirer les cendres des effets d'un violeur. En arrivant devant un motel, elle m'a fait signe de me garer à côté d'elle. En me demandant de louer une chambre, elle m'a déclaré que j'étais gentil et que nous pouvions rester ensemble toute la nuit. Son invitation était si inattendue que je n'ai pas trouvé de réponse satisfaisante.

***

Le mourant gémissait. Arthur souleva la couverture qui recouvrait son corps. Il ne découvrit que du sang et de la boue. Il avait l'impression qu'une partie du corps s'était détachée. Sans hésiter, Arthur décida de faire une injection de morphine pour aider l'agonisant à se confier en limitant son calvaire. À cet instant, l'envie de connaître la suite de cette rencontre devenait sa priorité. Le regard du mourant l'encourageait. Le surnom de « Dame de la Mort » lui rappelait une série américaine et réveillait des souvenirs dans sa mémoire.

— J'ai pris une chambre sans oser regarder le loueur. Il me semblait qu'il aurait pu lire mon forfait en regardant mes yeux. Quand nous nous sommes retrouvés près du lit, Ashley a saisi mes mains. J'étais comme le lapin hypnotisé par un serpent. Ma dangereuse complice a susurré son nom, comme si elle me faisait un serment d'amour. Elle a ajouté, en souriant, que sa journée avait été trop éprouvante. J'ai voulu évoquer le meurtre, mais sa main s'est posée sur ma bouche, puis ses lèvres l'ont remplacée. Nous avons basculé dans le lit en écartant prestement les draps. J'étais dans la prison de ses bras. Ashley affirmait manquer de tendresse. En la regardant, je chassais l'image d'un corps d'homme nu et criblé de balles. J'ai fermé les yeux. Les caresses de ma rencontre étaient étonnamment douces. J'ai tout oublié. Au réveil, je transformais mes souvenirs. Il me semblait impossible d'avoir pu assister à un meurtre la veille. L'homme doute parfois de sa raison, quand il refuse de comprendre.

***

C'était quelque chose d'étrange, de sombre, de mystérieux que de recevoir pareilles confidences à la nuit tombée, non loin du fracas d'armes meurtrières. Il suffisait d'un sifflement de missile pour que tout disparaisse. Arthur vacillait entre l'horrible et le céleste, l'enfer et la folie. La mort régnait partout, même dans la bouche de l'agonisant qu'il soutenait. Une voix l'éloignait encore un peu plus de la réalité.

— Nous sommes restés une semaine ensemble dans le même motel. Plus tard, les articles de presse dépeindront une femme

179

torturée, menant une vie tourmentée aux portes des pires cauchemars. Pourtant, aucune violence ne devait marquer nos étreintes. Attentionnée et douce, elle parlait souvent comme si elle m'offrait les plus doux des serments. Chaque jour, j'effaçais de ma mémoire qu'elle avait assassiné de sang-froid et dénudé un homme sur le bord de la route. Le temps de ses caresses, je tentais d'oublier qu'elle avait décidé de supprimer les hommes les plus vils, ceux qui lui voulaient du mal, qui s'amusaient à la faire souffrir. Entre deux étreintes, elle me détaillait des sévices qu'elle avait dû endurer depuis sa plus tendre enfance. L'impression de perdre la raison me tenaillait. Comment une bouche si tendre pouvait-elle me décrire de pareilles horreurs ? Dans quels bras avais-je donc chuté ?

Je partageais le lit d'une criminelle, et je n'arrivais pas à en prendre vraiment conscience, même si son pistolet ne pouvait que me le rappeler. Il était constamment sur notre table de chevet. Plus tard, en lisant les comptes-rendus de son procès, j'ai eu du mal à tout comprendre. Elle ne méritait pas ce nom de « Dame de la Mort ». Dans ma tête résonnait un glas incessant. Une évidence me saisissait. L'homme peut transformer une femme en démon. J'échangeais des mots tendres avec une victime de la violence des hommes.

Je prenais constamment de longues douches chaudes, comme si je souhaitais laver mon corps de toutes ses caresses, des empreintes de ses mains, des passages de sa langue, de sa bouche. Une envie de me purifier me harcelait constamment. En me séchant, je revenais dans la chambre. Elle plaisantait en évoquant mes ablutions régulières. Elle me tendait les bras. Je replongeais contre elle.

***

Les yeux dans le vague, le mourant marquait une nouvelle pause. Ses gémissements s'intensifiaient. Curieusement, un oiseau chantait. La cacophonie des armes semblait marquer une pause. Pourtant, on percevait encore des cris, des ordres, des hommes qui s'agitaient. Le chauffeur tentait de faire comprendre que le danger se précisait. Arthur lui répondait par un signe qu'il pouvait partir si la peur le tenaillait trop. Le blessé parla plus lentement, les yeux fermés, comme s'il cherchait à mobiliser tous ses souvenirs.

— Un soir, Ashley affirma fermement qu'elle n'entendait plus subir la loi du plus fort. J'ai osé la raisonner, expliquer que tuer n'était pas la bonne solution. Mes premières remarques restèrent d'abord sans écho. Je me suis permis d'évoquer le bras de la justice qui ne pouvait que la rattraper. Un lourd silence a clôturé la fin de mes phrases. Ashley s'est redressée, son visage s'est coloré. Malgré la pénombre, il m'apparut écarlate. Une voix stridente a lancé des hurlements incompréhensibles. Ashley a reculé comme si elle venait de découvrir un serpent. Ses poings ont frappé les bords d'une table. Instantanément, j'ai regardé le pistolet posé sur une commode, en pensant que ma dernière heure venait de sonner. Son regard devenait fou. Elle me faisait peur. Je n'ai su que poser les mains sur mon visage quand elle a agité ses bras. Elle a pris un ceinturon, j'ai entendu siffler le cuir. C'est une chaise qui a subi la fureur de mon interlocutrice. La violence des coups était telle que des morceaux de bois jonchaient le sol. J'ai baissé la tête, comme un enfant qui attend que le courroux retombe et s'efface. Le ceinturon a chuté devant moi. La chaise était détruite. Ashley a tenu des propos plus calmes, souvent peu cohérents. J'ai compris qu'elle était fatiguée. Elle accusait la société, les notables, les policiers, en un mot : le système. Elle se sentait détruite, broyée. Sa voix a lancé des mots terribles, des éclats de folie éclairaient son visage.

— La haine suinte de tous mes pores… Je déteste la vie humaine… Je tuerai encore…

J'avais l'impression d'avoir croisé la route d'un succube, d'une entité malveillante qui m'avait abusé et épuisé pendant un long sommeil. Un esprit diabolique avait dû à l'improviste me posséder et m'entraîner dans des délires sans nom.

La porte s'est ouverte et s'est refermée violemment. Ashley était sortie. Je me levais pour regarder mon corps nu dans une glace. Aucune griffure ne zébrait mon buste et mes membres.

***

Pavlo était toujours tapi dans l'ombre. Il n'osait pas insister. Tout dans son comportement indiquait qu'il fallait partir et abandonner l'agonisant. Le prêtre sembla le comprendre en regardant quelques gestes. Il murmura qu'il ne méritait pas qu'on le sauve. Il souhaitait simplement libérer sa conscience avant que nous le quittions définitivement. Il reprit ses aveux.

— Pour avoir été témoin plusieurs fois de ses excès, je pense que cette colère l'a de plus en plus habitée. Ashley avait dû finir par tuer pour survivre face à ceux qui la menaçaient. Cette violence incroyable prenait sa source dans les humiliations, les vexations, les violences qu'elle avait dû subir depuis son plus jeune âge. Pensez-vous que j'avais peur ?

Ce n'était pas le cas, pourtant je savais de quoi cette femme était capable. J'avais été témoin d'un meurtre et de sa froide détermination. Je prenais des vacances dans les bras d'un monstre qui de temps à autre dérivait vers des délires surprenants, dérangeants. Elle caressait son arme en me fixant. Ashley me disait fréquemment que je n'avais pas à avoir peur.

— Toi, tu es différent, attentionné, délicat…

Dans mes délires, je savais que je venais de rencontrer une femme maléfique. Sa sexualité débridée détournée de la procréation, sa morbidité liée à de bas instincts, son désir d'être libre et égale de l'homme me faisait penser à une facette de Lilith[4]. Un ange noir, révolté de la nuit m'avait asservi. Ma volonté avait disparu. Je me rassurais en me disant qu'elle ne me demandait pas d'argent. Tous les frais de notre séjour étaient à sa charge.

***

Un hélicoptère avait interrompu l'agonisant. Volant bas, il semblait toucher la cime des arbres les plus hauts. Une brève lueur avait éclairé le paysage. La carlingue s'était disloquée comme si une lame de feu venait de la trancher en deux. Un bruit effroyable secoua la nuit. Arthur ne pouvait pas détacher son regard de ce qui devenait une boule de feu. Des torches humaines chutaient en hurlant. Ceux qui assistaient à la scène ne pouvaient qu'imaginer la mort douloureuse des occupants. Un silence pesant s'imposa, puis une fumée noire s'éleva. Le prêtre tendit le bras vers une croix noire qui montait vers l'horizon.

— C'est un appareil russe.

Pavlo venait d'intervenir comme si l'hélicoptère restait menaçant en dispersant d'éventuels commandos.

Le mourant distinguait sans doute l'emblème qui devait surplomber prochainement sa tombe. D'une voix moins assurée, le prêtre reprit l'évocation de son passé.

— Plus tard, j'ai appris que le cadavre se nommait David. C'était un ouvrier du bâtiment, il avait 40 ans. Comme je lui montrais l'article du journal, Ashley m'a entraîné dans un bar sans répondre à mon interrogation. Après plusieurs verres, elle m'a raconté sa jeunesse avec des grands-parents qui ne les aimaient pas beaucoup, elle et son frère aîné. Sa grand-mère était morte d'une cirrhose. Son grand-père les avait chassés. Ne sachant comment survivre et subissant les propositions de ceux qui auraient dû l'aider, à quinze ans, elle n'avait su que se prostituer. Les hommes influents ne trouvaient rien à redire quand elle acceptait

---

[4] Lilith est un démon féminin de la tradition juive.

de leur offrir quelques moments de plaisir. Beaucoup promettaient tout pour la séduire. Ils l'oubliaient en se rhabillant et en s'éloignant pour rejoindre leur épouse. J'avais pitié en l'écoutant. En lui prenant la main, je l'ai sentie s'abandonner un instant. Ashley Wuort a murmuré que j'étais trop gentil, puis a retiré ses doigts vivement. Ma commisération devait la troubler. Elle ne pouvait pas accepter ma gentillesse. Les heures s'écoulaient. Elle ne parlait plus, elle buvait. Ce jour-là, tout a basculé quand Ashley s'est levée en titubant pour aller aux toilettes. Elle a frôlé le barman avec des gestes ambigus. L'événement suivant était prévisible. Il l'avait suivie. Je regardais sans agir, mais j'imaginais qu'un orage se préparait. Ashley est sortie en réajustant ses vêtements. Elle avait l'œil des mauvais jours. En s'approchant d'une table de billard, tout est allé très vite. Elle a saisi une boule sur le tapis et l'a lancée à la tête du barman qui revenait dans la salle. Elle était ivre, mais son geste avait été précis et vif. Atteint au cou, l'homme s'est écroulé. La plupart des clients ont déserté les lieux, pendant qu'Ashley terminait sa chope. Quand le shérif est arrivé, elle lui a tenu tête en clamant son innocence. Elle affirmait avoir été suivie dans les toilettes et coincée contre un mur, puis pincée plusieurs fois. Elle a tenu à montrer les traces en dénudant ses fesses. Sa défense a fait rire les clients qui restaient, sauf moi. Puis tous ont nié et affirmé au policier que c'était elle qui avait entraîné le barman. Ignorant tout de la scène qui avait dû se dérouler dans les toilettes, je ne suis pas intervenu. J'étais resté dans la salle, sans rien dire. Le serveur qui gémissait en se tenant la gorge a été évacué sur une civière. Ashley a été maîtrisée sans ménagement. Le shérif a utilisé sa matraque sur une femme menottée. En colère, il frappait. Les hommes riaient et l'encourageaient. Deux jours plus tard, je me suis porté caution. Comme j'avais filmé l'arrestation, j'ai menacé le shérif. Libérée, Ashley était mal en point. Elle n'a pas voulu me dire si elle avait été abusée dans sa cellule, mais elle marmonnait des mots incompréhensibles. Elle parlait de jugement dernier, de vengeance du Seigneur, de la cruauté des hommes.

Je l'ai soignée plusieurs jours. Ashley Wuort a fini par m'avouer qu'une amie allait venir la rejoindre. Elle vivait avec une femme de ménage, dénommée Madison.

***

Brusquement, des armes automatiques se déchaînèrent. La localisation de cette explosion de violences était impossible à déterminer. Ils rappelaient que la mort rôdait sans cesse. Pourtant, l'histoire du moribond interpellait Arthur. Il se souvenait mieux, désormais, d'un écrit de Lynda Hart[5] qui expliquait que la presse dépeignait Ashley comme « une tueuse en série », « une femme fatale » et « un danger à supprimer ». La destinée est surprenante, pensait-il. Dans ses bras et dans des conditions épouvantables, un agonisant lui livrait son secret sur un personnage qui avait marqué les esprits. Comment abandonner cet homme ? Ses hésitations devaient se lire sur son visage, car le mourant serrait convulsivement son bras droit avec une main ensanglantée. Sa voix manquait de puissance.

— J'avais pensé qu'elle avait tenu à me faire comprendre qu'elle n'avait pas apprécié mon attitude lors de son arrestation. Puis j'ai compris avec le temps qu'il n'en était rien. Connaissez-vous Ashley Wuort ?

Un tir en rafale fut la seule réponse à la question du prêtre.

— C'est sans importance, vous pourrez toujours faire des recherches sur elle. J'affirme que ce n'était pas le monstre que l'on a décrit et qu'elle ne méritait pas toutes ses condamnations à la peine capitale. Les Américains sont surprenants. Une seule aurait suffi, ils ont tenu à la juger plusieurs fois pour répéter la même sentence. Cinq ou six fois, si j'ai bonne mémoire. Les psychiatres ne pouvaient pas cerner sa personnalité. Ils décrivaient quelqu'un de profondément psychotique, qui ne pouvait pas faire la différence entre une situation qui menace réellement une vie et un

---

[5] *Fatal Women, Lesbian Sexuality and the Mark of Aggression.*

désagrément mineur. Avec les années, Ashley ne supportait plus la moindre contradiction, surtout quand elle venait d'un homme. Personne n'a noté qu'elle n'avait jamais agressé une femme, même dans le cadre de sa longue incarcération. Puis tout le monde a trouvé normal qu'elle ne fasse plus de recours pour sauver sa tête. Ceux qui avaient profité de son corps avaient dû hausser les épaules négligemment en l'écoutant crier qu'elle devait mourir, épuisée dans le couloir de la mort. Je n'ai pas su intervenir. En m'enfermant dans un monastère du bout du monde, je l'ai abandonnée.

***

Le prêtre marqua une pause, les yeux fermés. Arthur tâtait son pouls, en pensant qu'il allait les quitter d'un moment à l'autre. Le conducteur s'avança pour évoquer l'intervention éventuelle de tueurs, de spetsnaz. Arthur lui fit signe de se calmer. Il lui proposa une nouvelle fois de partir, de les laisser dans ce trou sordide où régnait l'odeur du désespoir et de la mort. La peur n'avait plus d'emprise sur lui. Ses souvenirs devenaient de plus en plus précis. Arthur plongeait vers un passé qui l'avait marqué des années plus tôt. Il voulait désormais entendre les confessions bouleversantes et complètes du moribond qui avait connu celle qu'il avait toujours considérée comme un monstre. Le prêtre ouvrit les yeux et reprit.

— J'ai erré quinze jours en tentant d'oublier. Une pulsion incontrôlable m'a conduit à retrouver cette femme vénéneuse. Ashley m'avait indiqué quelques endroits qu'elle fréquentait avec son amie. C'est dans l'un d'eux que j'ai trouvé un homme qui avait croisé son chemin. Il avait pointé un doigt vers ma photographie en me hurlant d'éviter cette malade. Tout en buvant un peu trop, il reconnaissait avoir fait monter Ashley dans sa voiture pour passer un bon moment. Son physique impressionnant lui permettait de laisser libre cours à sa violence naturelle. Il ne s'en cachait pas. Il avait donc « un peu secoué » la jeune femme. Il en riait, en reconnaissant qu'il aimait plier hommes et femmes à sa volonté. Brusquement, il vida un grand verre de whisky d'un trait. Il racontait qu'un canon froid de pistolet s'était collé contre sa gorge. La folie imprégnait le visage de celle qu'il voulait soumettre à son plaisir. La victime se rebellait avec une force surprenante. Le bourreau avait dû débourser plusieurs dollars et demander pardon à genoux dans un fossé. Il devait avouer que dans le regard en feu de la jeune femme, il avait lu que sa vie ne tenait pas à grand-chose. Elle hurlait comme une démente, en lui imposant d'embrasser ses chaussures, puis ses semelles, pour se faire pardonner. L'homme avait voulu réagir, mais c'est un couteau qui blessait sa poitrine et le dominait. La lame glissait vers son bas-ventre. Il avait enduré. Une fois seul, il s'était rué dans le bureau du shérif le plus proche pour demander justice et exhiber une blessure sur sa poitrine. Il affirmait qu'une femme comme Ashley ne pouvait récolter que ce qu'elle méritait. « Une prostituée n'est qu'une esclave », affirmait-il. « Le client impose sa loi, frappe un peu si cela lui fait plaisir. » Il devait conclure en me disant que la police avait retrouvé un pistolet de calibre 22 et une boîte de munitions sous le siège passager de sa voiture. En frappant du poing sur le bar, il voulait oublier l'affront. Quand j'ai senti que l'homme allait s'en prendre à moi, j'ai donné un vague prétexte en proposant une tournée générale. Un brouhaha général a secoué la salle. Je me suis enfui. J'en ris encore, en pensant que l'homme a sans doute dû payer ma commande.

***

Les confidences de ce prêtre faisaient tout oublier à Arthur. Les séries d'explosions, les cris de moins en moins lointains, les éclats des moteurs, les sifflements préoccupants, s'effaçaient. Arthur baissait dorénavant la tête pour mieux coller son oreille à la bouche du moribond. Sa voix avait faibli à plusieurs reprises. Quelquefois, il murmurait en serrant de plus en plus fort la manche d'Arthur. Le fil de sa vie s'effilochait à vive allure.

— Curieusement, alors que j'aurais dû la fuir, j'ai cherché à la rejoindre. Le fruit défendu séduit, l'attrait d'une femme vénéneuse me rendait fou. Je l'ai retrouvée à Orange Springs. Ashley a semblé heureuse de me retrouver et tout naturellement a ouvert le coffre d'une voiture. Je l'ai refermé précipitamment. Elle a souri de ma réaction. Un cadavre était recroquevillé, à demi dissimulé par une couverture. J'ai mis des gants pour prendre le volant du véhicule et sortir de la ville. Ashley, accompagnée par Madison, m'a laissé partir, en m'indiquant qu'elle serait dans un bar voisin. J'ai roulé longtemps pour choisir un terrain à l'écart. Seul, j'ai enterré le corps. À chaque pelletée, je réalisais que je devenais pleinement complice de ces deux femmes qui avaient dû supprimer la victime. À mon retour, elles m'attendaient comme si j'avais fait une course des plus banales, sans me poser de questions. Elles devaient rire en me montrant les billets trouvés en fouillant la poche du mort. Madison avait également obtenu de l'argent en déposant des objets dérobés dans la voiture de la victime au mont-de-piété local. Puis, tout en devisant joyeusement, elles évoquèrent le mort. Elles décrivaient un obsédé de plus de 60 ans qui avait voulu les soumettre toutes les deux. Ce dénommé John avait cru s'amuser. Madison avait tenu le rôle de la femme soumise. Elle pleurait ; implorait sa pitié ; embrassait le sol pour le faire rire. La scène s'était éternisée. Il riait encore quand Ashley avait ouvert le feu. Pour elle, ce malade ne méritait pas de vivre et son corps dénudé aurait dû être exhibé comme les autres. Elles ont repris le véhicule de la victime en me donnant rendez-vous dans un motel hors de la ville. Deux heures plus tard, elles avaient un accident. Elles avaient abandonné le véhicule endommagé devant une foule de témoins. C'est à leur retour, alors qu'elles riaient de leur course, que j'ai appris cette folie.

***

Sur ce constat, le prêtre récitait quelques prières. Ce n'était sans doute pas le moment, mais Arthur n'osait pas l'interrompre. L'homme vivait ses derniers instants. Il murmura :

— Le temps m'est compté. Inutile de confier plus de ces sévices qui dégradent l'homme.

Arthur respectait les derniers souffles, les ultimes aveux de celui qui allait le quitter d'un instant à l'autre. Arthur répéta à Pavlo qu'il pouvait partir, car il devait prendre soin de sa famille. Il aurait sûrement pu être plus convaincant. Ce dernier, en le regardant longuement, devait lui préciser qu'il restait. Qu'elle était étrange cette situation, aux portes d'un conflit ! Un homme recueillait les confessions d'un mourant pour lui permettre de quitter la terre en paix !

— Nous nous sommes retrouvés au motel. Madison ne m'inspirait aucune confiance, mais je ne pouvais pas l'écarter. Nous avons alors tout partagé : le lit, les beuveries, les délires. Cette situation était nouvelle pour moi. Je m'enfonçais dans un univers qui me faisait peur, et n'était pas fait pour moi. Les jours passaient, sans violence, ce qui les rendait supportables. Ma honte grandissait. Les deux femmes se prostituaient fréquemment. Quand elles en éprouvaient l'envie et que l'alcool ne les abrutissait pas, elles me détaillaient des rencontres terribles sur les routes. Une fois, un client avait attaché Ashley au crochet arrière de sa voiture et l'avait obligée à courir quand il avançait. Elle avait les genoux en sang. Il en riait. Heureusement pour elle, un pneu arrière avait crevé. Elle avait profité du changement de roue pour se libérer et s'enfuir. Un autre jour, Madison avait dû passer la nuit avec les dogues d'un homme dans une cage. Il avait voulu la punir, car il estimait qu'elle n'avait pas su le satisfaire. Les bêtes avaient sûrement plus de cœur que leur maître, ils ne l'avaient pas mordue. Une autre fois, un entrepreneur avait attaché Ashley à une porte de son ranch. Elle était offerte au personnel. Jeunes et vieux avaient profité du cadeau, une semaine. Aucune femme présente ne l'avait aidée, bien au contraire. Pire, elle avait vu un adjoint du shérif local parmi ses bourreaux.

Contrairement à Madison, Ashley se laissait emporter par des humeurs extrêmes. Elle n'acceptait plus de subir, d'être asservie. Ashley ne louait son corps que pour pouvoir subsister. Des centaines d'hommes de toutes conditions sociales l'avaient souillée. On ne lui avait jamais permis d'apprendre un métier. Elle n'avait droit qu'au mépris de ses semblables.

***

Le prêtre marmonnait souvent d'autres prières. Les minutes s'écoulaient et un silence étrange entourait désormais les trois hommes. Tout à coup, une ombre s'imposa sur un mur blanc comme un linceul. La mort s'avançait-elle déjà ? C'est du moins ce que bredouilla le moribond en tendant une main ensanglantée. Ce n'était que l'officier de la territoriale. Il était revenu pour préciser à Arthur qu'il n'était pas souhaitable de s'attarder dans le coin. Il envisageait de faire transporter le mourant. Ce dernier hurla et refusa de bouger. Il venait de jeter ses dernières forces dans ce refus. Les yeux d'Arthur s'étaient habitués à la pénombre. En soulevant un pan de couverture, il devait avoir la confirmation qu'il n'avait pas un corps entier devant lui. Le sang, la boue et les vêtements dissimulaient tout à partir du torse. La voix du moribond n'était plus qu'un souffle.

— J'étais convaincu qu'Ashley allait à sa perte. Elle avait encore tué un vendeur aux environs d'Ocala. Madison ne prenait aucune précaution pour raconter les exécutions et les agonies de ces hommes qui ne les respectaient pas, voire les maltraitaient pour se distraire. Dans les bars, elles aimaient raconter avec force leurs exécutions. Elles voulaient effrayer les hommes, imposer leur loi. Ashley surenchérissait en faisant le geste de tirer avec un pistolet dans une tête. Elles riaient, sans se soucier de ceux qui les entouraient. Jour après jour, j'ai vite compris que Madison était habile, manipulatrice. Avec une telle compagne, Ashley, plus violente, plus révoltée, serait la coupable idéale de l'ensemble des meurtres. Puis, bouleversé par ma rencontre et par cette phase de vie traumatisante, j'ai décidé de refuser le poste proposé dans une société internationale à New York. Ma vie prenait une autre direction. Je ne l'avais pas vraiment choisie, elle s'imposait. Je me suis donc absenté une dizaine de jours. À mon retour début novembre 1990, j'ai retrouvé Madison avec un visage tuméfié. Alitée, elle me déclara avoir été prise à partie dans la rue, en rentrant de l'établissement dont elle faisait l'entretien. Elle ne pouvait plus tenir debout. Elle affirmait avoir été dépouillée et violée. Ashley s'occupait d'elle. Un médecin avait ausculté la malade. Elle savait faire preuve d'une grande humanité. J'osais demander si une plainte avait été déposée. Ashley n'avait pas répondu de suite. Elle finit par me dire que personne n'avait voulu l'entendre. Le shérif avait même déclaré que des femmes comme elles ne méritaient aucune reconnaissance. Après une nouvelle nuit de veille auprès de la blessée, et devant l'amélioration de son état de santé, Ashley finit par m'avouer qu'elle avait identifié et retrouvé l'agresseur principal. En observant son sourire étrange, j'ai compris qu'elle avait vengé son amie à sa manière. En apprenant la mort de Walter Clark près d'une route forestière, j'ai pensé avoir une réponse. Criblé de 6 balles, son corps était en partie dénudé. Le lendemain, je décidais de rentrer dans les ordres pour me faire pardonner par Dieu de mes dérives impardonnables.

***

Le prêtre avait confié très faiblement qu'il avait toujours pensé devenir un homme de Dieu, chargé d'être la présence du Christ au milieu de son peuple. Sa rencontre avec Ashley l'avait conduit à se décider définitivement. Personne n'avait parlé de lui pendant les procès et les enquêtes. Dernièrement, il venait de choisir de rejoindre sa mère dans son pays à feu et à sang. Elle était morte lors d'un bombardement et il venait d'être atteint à son tour par un obus. Le mourant prononça une dernière phrase :

— Je n'ai pas su la soutenir dans ses dernières épreuves.

Arthur s'était éloigné vers la voiture. Un sifflement avait secoué la lisière. Le diable lançait sûrement un grand rire démonique. L'explosion qui devait suivre projeta Arthur dans un fossé. La voiture se renversa sur lui, pareille à une plaque tombale. Cette situation aurait pu lui être fatale. Dégagé, Arthur apprenait qu'il était le seul survivant du secteur ; le capitaine, Pavlo et d'autres défenseurs avaient accompagné le prêtre. Il n'est rien de plus horrible qu'un trou sombre décoré de débris humains. Étonnamment, le seul cadavre entier était en partie dénudé.

Arthur n'avait su que rentrer, traumatisé, en France. Il était devenu l'ombre de lui-même, écrasé par un témoignage et son sceau ensanglanté. Il était convaincu que le bras vengeur d'Ashley avait encore frappé des hommes après sa mort. En se sentant calomniée, elle avait détruit son compagnon du crépuscule aux portes de Kharkiv.

Sur un air de Strauss

Par Denis Morin

Cette nouvelle est basée sur l'affaire Cordélia Vlau survenue en 1898. Celle-ci avait pris comme amant Samuel Parslow, homme à tout faire. L'organiste Isidore Poirier avait été assassiné.

La nouvelle a été laissée dans son contexte originel.

https://fr.wikipedia.org/wiki/Affaire_Cord%C3%A9lia_Viau

Un menuisier d'une cinquantaine d'années, un temps exilé aux États-Unis, revient auprès de sa douce épouse dans un village placé au Québec, fin XIXe siècle.

Ce jour-là, il entre, garde chaussures boueuses aux pieds, adresse un sourire carnassier à sa femme, retrousse la robe, déchire le jupon et la culotte.

— Ma poudrée s'est ennuyée de son homme ?

Elle n'a guère le temps de balbutier une réponse qu'il la culbute sur la table où elle s'affairait à astiquer l'argenterie. La coutellerie tombe par terre. Secousse sismique. Il la prend sauvagement ; il la ramone pendant quelques minutes et grogne aux oreilles de sa soumise la jouissance. Il la redresse, l'étreint, lui malaxe les seins.

— On remet la table ce soir.

Nous sommes en juillet. Le jeune engagé plutôt timide au coin de la cuisine a tout vu, tout entendu. Il fait chaud. Le mari va vers lui, déboutonne sa chemise, caresse son torse musclé et lui comprime les testicules.

— Il fait vraiment chaud cette année. C'est inhabituel, on dirait bien.

L'engagé répond qu'il a bien fait ses tâches tel que demandé, que la maison est dépoussiérée, le sol lavé, que la lessive est propre, que madame n'aura pas à souffrir à cause de tout ce labeur. Le menuisier sort son sexe et urine en défiant du regard le jeune homme. Ce dernier comprend qu'il en aura pour une bonne heure supplémentaire à tout nettoyer, récurer.

L'épouse sourit à l'engagé, l'invitant à ne pas riposter. Il rougit de colère ou de désir. On ne saurait trop le dire. Florence se dit qu'elle devra vérifier tôt ou tard la pression artérielle de l'employé dès que le mari aura le dos tourné ou qu'il partira pour Montréal. Elle préfèrerait de loin la silhouette ferme de l'un au ventre gras de l'autre.

Au village, on colporte bien des choses à son sujet, elle qui touche l'orgue à l'église, elle toujours bien mise avec col empesé de dentelle. Elle est enviée et méprisée pour l'apparente liberté affichée.

Atteinte d'une maladie de peau, Florence ne pouvait toucher trop longtemps à l'eau. Gédéon avait pensé à un aide autant pour lui que pour elle.

Un flirt subtil a débuté sans que personne ne l'ait cherché dans cette maisonnée. Elle l'avait vu nu un soir à l'atelier situé à l'arrière de la maison où William l'engagé sciait du bois avec Gédéon. Il se lavait dans une grande cuve. À l'iris de Florence, c'était un Botticelli au masculin.

Au quotidien, William bégayait parfois lorsqu'il cherchait le mot juste en français. Gédéon le percevait comme un fils ou un frère cadet. Le couple était marié depuis une vingtaine d'années et n'avait aucune descendance. Il n'était pas le premier choix du père pour sa fille, mais elle l'avait convaincue qu'il était l'homme convenable. Résignation du père et constat chez Gédéon du fait qu'il ne serait jamais le gendre idéal auquel on ferait spontanément confiance.

Pour la stérilité, était-ce à cause de lui qui travaillait trop ou d'elle, femme cultivée, à la santé fragile ? En son for intérieur, il se disait que c'était de sa faute à elle. L'orgueil de Gédéon l'empêchait d'accepter que ce fût possiblement de son côté. Cela lui donnait au moins l'avantage de pouvoir la butiner à sa guise comme un bourdon sur une fleur d'églantine, le risque de grossesse étant éloigné à tout jamais.

Elle grimaçait et grimace encore quand il la prend avec ou sans consentement. Elle croit que tout passe comme les nuages gris. Le soleil finit toujours par revenir.

Elle ne comprend plus. Elle l'avait tellement aimé, son Gédéon, mais l'ennui et le comportement rustre de son époux l'avaient excédée au fil des ans. Absence d'attentions et de moments à célébrer au calendrier. Maintenant, elle passe son temps à lire, à broder, à pianoter. Un peu plus, elle serait perçue comme une Madame Bovary en ce pays aux étés si brefs et aux hivers interminables. La peau finit par étouffer sous des vêtements si lourds. Le corps se voit coincé par une gangue de tissus avec le désir freiné pour s'éviter la morsure du froid. Seules les chaleurs de l'été permettaient un certain allègement des toilettes.

Le curé lui avait proposé à maintes reprises de mener une vie de pénitence et de prière ou bien d'adopter en grand nombre des orphelins. Florence avait répondu qu'elle vivait et vit le temps selon ses humeurs. Quant à son mari, il travaille ici au village, à Montréal ou plus loin, au gré des demandes.

À l'église, elle touchait l'orgue au jubé. Son mari chantait un cantique de sa voix puissante de baryton-basse. Lors d'une messe, il avait noté que son épouse regardait souvent en direction d'une famille anglaise. Le fils aîné William avait la taille fine, de larges épaules et de bonnes cuisses. Parfois, il se retournait et saluait l'organiste et le chanteur. À la fin de cette célébration, il s'était dirigé vers eux. Puis le curé avait fait les présentations. Le jeune avec sa voix de ténor s'était mis à chanter une vieille mélodie des îles britanniques. Florence et le curé étaient ravis. Le mari lui avait offert du travail sur le parvis de l'église : menuisier et homme de maintenance.

— Il mettra de la vie dans notre maison.

— À qui pourrait-il déplaire, mon mari, ce jeune homme ?

— J'aurais bien aimé un fils comme lui, mais ton ventre stérile est un champ parsemé de pierres où rien ne pousse, si ce n'est des ronces.

— Si, il y pousse de l'amertume et des regrets, Gédéon.

— Je t'achète des dentelles que je déchire. Pour le reste, tu me subis. Montre-toi reconnaissante de la vie enviable que je te donne.

— Mon mari, je te rappelle que c'est ma dot de mariée qui nous a permis d'avoir un toit et de te fournir tes outils de travail.

Le mari en silence lui écrase la main. Elle sourit, puisque les villageois les observent sur le parvis de l'église Sainte-Agnès-en-Agonie. Elle feint la bonne humeur. Elle connaît bien de masquer ses intentions et ses émotions réelles pour éviter les blessures et les déceptions si fréquentes. En ce moment, il serait plutôt d'humeur à grincer des dents et à mordre, s'il le pouvait.

Quant à elle, la mi-quarantaine, la taille gracile de celle qui n'a porté d'enfant. Elle arbore le chignon à l'arrière de la tête et des boudins lui descendent le long des tempes. Elle possède un je-ne-sais-quoi d'intemporel en dépit de ses idées avant-gardistes sur l'émancipation de la femme, ce que lui reprochent parfois le curé et les religieuses enseignantes du couvent d'à côté. Les villageois la regardent de travers avec sa fière allure, conduisant elle-même la calèche tirée par un Quarter Horse, un étalon à la robe aussi noire qu'un corbeau. Mauvais présage, selon eux. Dans ce village, la jalousie est chose si fréquente dès que quelqu'un sort du commun des mortels. Les autres la jugent. Leur destin est prévisible ; le sien, pas le moins du monde.

D'ailleurs, l'idée d'avoir un homme à son service et à celui de son mari l'intéresse, d'autant plus qu'il est aimable, réservé et agréable à regarder.

Gédéon serre parfois la nuque du jeune homme endimanché. En dépit de la gêne et de la douleur procurées, William interprète cela comme un geste amical. Affection tout court. Cependant, Gédéon veut assurer déjà une marque de domination sur le jeune homme qui lui plaît. Il arrive que le sexe de Gédéon durcisse dans son pantalon, à la vue de l'engagé. William s'aperçoit du trouble qu'il provoque, mais n'use pas de ce pouvoir dont il pourrait disposer à son avantage. Il se dit que c'est la nature et que la beauté provoque inévitablement un émoi.

Elle s'est surprise à l'occasion, durant le devoir conjugal à se faire labourer le bas-ventre, d'imaginer William en train de la chevaucher allègrement, puis lentement avec un crescendo et un decrescendo du bassin avec ses fesses couvertes d'un duvet blond-roux éclairées par la lueur d'une lampe. Elle s'est même mise à gémir de plaisir, tellement la situation lui semble possible, à portée de main. Un mur et les convenances les séparent. Toutefois, la sueur forte et salée de Gédéon sur son cou et le ronflement du mari suivant l'orgasme la ramènent inévitablement à ce rituel charnel, à l'heure où le coq n'a pas encore chanté et où les roses d'autrefois gisent séchées dans un vase au salon.

Par sentimentalité et en souvenir de ses amours mortes, elle avait conservé son bouquet de mariée qu'elle n'avait pas lancé aux femmes de la noce. On l'avait trouvée égoïste et défiant les traditions. Du bonheur, elle en voulait d'abord pour elle et son Gédéon. Les autres n'auraient qu'à être les artisans de leur bonne fortune. Mais parfois, sur l'oreiller, elle se disait que le bon vin avait tourné en vinaigre. Où est parti l'homme si prévenant et gentil de jadis ?

Au village, elle présente l'image de la femme respectable, à la joie de vivre constante, au quotidien facile, en dépit de la maladie qui l'accable. Elle devine les commérages une fois le dos tourné. Ça l'indiffère. On lui reproche d'être indépendante d'esprit. Seuls son mari et leur engagé mangent à sa table. Elle n'invite jamais personne.

Elle évolue comme une bourgeoise, une dame de la grande ville. Elle a bénéficié d'une éducation de couventine, musicienne et lettrée. Les bonnes manières, elle connaît. Libre. Elle se veut libre. Elle se vernit les ongles de normalité pour avoir la paix, mais elle expose parfois ses idées. L'obéissance au mari dans cette société patriarcale, trop peu pour elle. Les femmes sont mineures légalement. Ainsi, elles passent de la tutelle du père à celle de l'époux. Comme rôles, elles sont femmes mariées ou religieuses. Si on exerce le métier d'infirmière ou d'enseignante, on y renonce aux épousailles.

La femme aura assez à faire de toute manière avec le maintien de la maison et le soin des enfants. Le prêtre sera là pour rappeler la nécessité d'avoir une belle descendance pour travailler la terre ou rouler ses manches avant de travailler de l'aube au crépuscule à l'usine. Tout est prévu d'avance du berceau au cercueil, pensent les gens, faut se soumettre, se signer nerveusement du signe de la croix, endurer son sort et se mériter le Ciel à la fin de ses jours.

Florence veut bien croire, jouer de temps à autre le jeu des conventions, mais elle veut jouir de la vie, justement ne pas la subir au nom de principes séculaires. Elle aurait le dernier mot, se dit-elle à l'occasion.

Fort heureusement, ses ennuis de santé la libèrent d'un certain esclavage, à part le devoir conjugal. Au début, on s'offre par amour, puis par habitude pour faire plaisir à l'autre. Maintenant, cela s'accomplit par lassitude, sinon par risque de violence. Florence écarte les cuisses et Gédéon, si méprisant, crache sur sa vulve.

D'ailleurs, Florence a remarqué très vite que Gédéon ne supporte pas le refus. Non, cela ne fait pas partie de son vocabulaire. Il la baise encore plus intensément si elle cherche à se défiler ou qu'elle feint le sommeil. Aucune excuse n'est permise.

De tout son poids, il la couvre de son corps puissant. Il ne se soucie guère des préliminaires qui sont inutiles selon lui, puisque connaissant trop bien le corps de son épouse. Il veut et il prend. Parfois, il lui lèche le cou. Elle en est dégoûtée et lui se retrouve avec un soupçon de jasmin à la bouche. Il aime ce parfum floral et redouble alors d'ardeur. Elle fixe la lune bleue et compte les étoiles comme les petits le font avec les moutons de leur papier peint avant de s'endormir.

Dans la chambre d'à côté, William bande. Son lit grince par secousses, en réponse aux coups de bassin qu'il entend, l'oreille collée sur le mur, puis il s'endort.

Un soir de décembre, Gédéon sort son violon et frotte son archet sur les cordes. Il est rustre, mais il possède tout de même une certaine culture. Il joue un air de Strauss. Spontanément, William présente une main à Florence. Elle se lève. Ils valsent. Le musicien se surprend de voir sourire William, d'habitude si discret, si sérieux, et d'entendre Florence rire aux éclats. Elle riait ainsi autrefois. Réminiscences. Gédéon, après trois morceaux, décide que le silence doit regagner la maison. Il commet une note discordante, puis range son violon bruyamment dans son étui.

— Garçon, tu nous sers le thé, puis il faudra desservir la table. Dodo ensuite, car demain, une bonne journée de travail nous attend.

— Oui, compris, Monsieur.

Le dessert est pris en silence et le thé est vite bu. Florence et William font la tête d'enfants punis, car ayant trop fêté. Puis le couple va se coucher. William range tout. Le jeune homme remarque un mouchoir de coton laissé par elle sur un siège.

— *Et si c'était par exprès*, pense-t-il.

Il se trouve ridicule d'avoir eu une telle idée. Il enfouit le bout de tissu dans sa poche de pantalon. De toute manière, il devra le laver. Il se retire dans sa chambre, se déshabille lentement en imaginant la robe de madame glissant sur le sol avant d'être suspendue, le corset délacé, la culotte retirée. L'engagé marmonne une prière autant par automatisme que par habitude. Il s'étend sur son lit, hume le mouchoir, se caresse doucement avec le mouchoir de madame. Les broderies roses frottent contre les veines bleues de son sexe. Jouissance fulgurante. Reprise régulière du souffle après le plaisir. Il porte à son nez le mouchoir imprégné de sa semence. Il le glisse sous son oreiller. Son odeur masculine se mêle au parfum lavande si féminin. Il s'endort, le sourire aux lèvres.

Le lendemain matin, au petit-déjeuner, il frôle Florence au moment de servir le thé Assam, remet le mouchoir froissé dans sa paume. Elle devine qu'il en a fait bon usage. Elle le porte à son visage avant de l'insérer dans la poche du tablier noir de William. On dirait presque un garçon de café parisien avec son pantalon gris souris et sa chemise de lin écru contrastant contre l'obscurité du tablier. Cela ramène Florence à ses lectures de romans français. Gédéon n'a rien noté, trop absorbé par la commande de bois à livrer à l'autre bout du comté, alors que le ciel est à la neige et que les vents se lèvent. Il ne faudra pas tarder.

Gédéon siffle comme on le ferait pour appeler son chien. L'engagé obéit au doigt et à l'œil. William retire le tablier, le range sur sa chaise. Il le reprendra en après-midi, s'il a le temps de faire une lessive dans une cuve avec une planche à laver.

Durant le trajet, les vents leur giflent le visage. La barbe longue de Gédéon absorbe quelques flocons de neige perdus dans l'immensité de la campagne. Un bref dialogue est échangé.

— Ça va ? Tu es chez nous depuis quelques mois. Tu te plais avec nous ?

— Oui, patron. Vous payez bien et l'humeur est bonne à la maison. Je n'ai rien à vous reprocher.

Gédéon lui caresse l'intérieur de la cuisse en guise de remerciement. William s'étonne du geste. Il repense à madame Florence qui lui avait expliqué que son mari n'acceptait aucun refus. William se surprend à entrouvrir les jambes, en espérant que Gédéon n'ira pas plus loin. Ce dernier arrête la calèche, étreint le jeune homme sans rien dire, le temps de trois soupirs, puis on repart. Le jeune engagé cherche à comprendre l'intention derrière le geste. Était-ce l'accolade d'un homme mature à l'égard d'un jeune homme qui pourrait être son fils ? Ou bien une tentative de séduction retenue dans son exécution ? Les idées s'embrouillent dans la tête de William, car le patron ombrageux est un taiseux. Il fait et ne commente pas. Un malaise s'installe entre les deux hommes. Lourd silence.

Pendant ce temps, Florence rédige une lettre à la compagnie d'assurance pour savoir le montant dont elle hériterait si elle devenait subitement veuve. Un accident est si vite arrivé. Elle se dit qu'on n'est jamais trop prévoyant tout en scellant l'enveloppe.

Au retour des deux hommes, elle dépose son ouvrage à broder.

— Willie, il faut poster absolument ce courrier aujourd'hui.

— J'y vais de ce pas, Madame Florence.

Gédéon s'ouvre une bouteille de bière marron et s'endort dans la chaise berçante du salon avant même d'avoir bu tout le breuvage. Au retour du bureau de poste, l'engagé range la remorque, brosse le Percheron à la robe crème mouchetée de noir et le Quarter Horse noir charbon. Les chevaux trépignent d'impatience et apprécient les mains de William sur eux, plutôt que les coups de fouet de Gédéon. En entrant à la maison, Florence se croise les doigts. William y voit là un signe de bonne chance sans plus.

Le lendemain matin, William prépare les bagages de Gédéon qui doit se rendre dans l'État de New York deux semaines pour fabriquer du mobilier chez un homme d'affaires montréalais y ayant sa résidence secondaire. Gédéon, aussi précis qu'un horloger suisse, donne la date exacte de son retour à son épouse qui joue l'attristée d'une si longue absence. Le menuisier la juge indolente et dépressive.

— William, prends bien soin de la maisonnée.

— Je n'y manquerai pas, patron, répond-il.

William conduit Gédéon tôt à une gare, point de départ avec lieu-relais Montréal, puis destination par un autre train jusqu'à une petite ville dans l'État de New York. La journée se passera en attente avec le tactac-tactac des wagons sur le métal des rails.

L'engagé remet les bagages au patron, puis Gédéon empoigne William pour lui donner une accolade. Le jeune homme reste stoïque face à cette démonstration spontanée d'affection. Il garde les bras ballants. Gédéon se sait doué pour travailler de ses mains si larges, mais en échec total pour les relations humaines. Ça le désole, mais il arbore le contraire. Il monte sans se retourner, déjà trop préoccupé par les meubles à concevoir de planches d'essences diverses.

Dès le retour de William à la maison, le curé Bellavance s'annonce. William prépare du thé Earl Grey et des scones garnis de confiture, puis il se retire dans sa chambre.

— Madame, c'est si inconvenant que vous restiez seule avec votre engagé en l'absence du mari. Que diront mes paroissiens ?

— Monsieur le curé, je suis reine en mon foyer. Personne ne me dira ce qui est bien ou mal. Que vos fidèles brebis si dociles se mêlent de ce qui les regarde. À dimanche prochain.

Le clerc, bien affamé après un jeûne imposé, avale prestement les scones, dépose sa tasse en tremblant de nervosité ou de rage. Florence l'observe calmement. Elle lui parle d'une pièce musicale qu'elle voudrait essayer dimanche prochain à l'orgue.

— J'approuve vos goûts artistiques. À présent, nul besoin de me montrer le chemin, je connais la route, ajoute le prêtre qui enfile manteau sombre et chapeau gris anthracite.

William ramasse l'assiette vide et la tasse du curé encore tiède. Il sourit. Florence ferme les volets dès le départ de l'invité-surprise. *Tout doit rester secret, la vie, la mort, la tendresse, la peine, la tristesse, les joies,* pense-t-elle.

Une semaine et demie plus tard, William revient du bureau de poste avec la réponse de la compagnie d'assurance. Elle décide de fêter la bonne nouvelle sans en dévoiler le contenu. Mais elle a un plan en tête, comme si une lettre pouvait modifier le cours d'une destinée toute tracée d'avance. Quelques lignes tapées sur une machine à écrire en fonte lui suffisent pour lui redonner l'espoir d'une évasion quelconque de son existence monotone dans un coin perdu. Elle se voit à Paris, à Londres, voire traversant les ponts de Prague au bras de William. Oui, tout semble possible. Elle rêve. Toute vie nouvelle débute par un songe.

William sort le brandy dont on fera bon usage. Puis le désir monte. Florence et William valsent du salon à la chambre. Il retire des pans de vêtements de sa maîtresse comme on détache délicatement des pétales. Elle s'abandonne aux gestes habiles et doux de l'amant.

Les jours suivants, s'établit un rituel entre eux. Il prend plaisir à lui brosser longuement sa chevelure marron si soyeuse après lui avoir fait l'amour. Ensuite, on passe à l'enfilade du corset, du jupon, des bas. Le soir, le cérémonial s'inverse. Elle s'émeut de cette sensualité déployée.

Toute cette tendresse devait se terminer. Un villageois ami de Gédéon, trouvant les volets clos trop longtemps ces derniers temps, a cru bon cueillir le mari à la gare sise à quelques kilomètres de là.

Gédéon dépose son bagage sur la véranda, entre sans retirer ses bottes. Furieux, il aperçoit l'engagé jouant la ballade *Scarborough Fair* avec son violon.

— Malheureux, range mon violon tout de suite. Je t'interdis d'y toucher !

Le jeune homme passe aussitôt à un allègre air de Strauss.

— Willie, mon chéri, viens agrafer ma robe, veux-tu ?

Gédéon, furieux, se précipite vers la chambre. Il la violera, c'est certain, pour la punir d'une infidélité évidente. Dans sa course, il trébuche et s'écroule de tout son long, face contre terre. Elle s'agenouille sur lui, déplie le rasoir de William à la lame bien effilée, lui tranche la gorge sans la moindre hésitation. Son mari au regard terrifié se noie dans son sang, pendant que l'évocation des eaux du Danube bleu se joue en musique. Le bas de la robe émeraude boit le flot poisseux. Puis William cesse son jeu, dépose violon et archet sur la chaise berçante de Gédéon.

— Florence, il faudra jeter ta robe au feu.

— Pour l'instant, Willie, qu'avons-nous à manger ? Ce trépas m'a creusé l'appétit !

Rejoignez la page Facebook
dédiée aux masculinicides

Suivez **JDH Éditions** sur les réseaux sociaux
pour en savoir plus sur les auteurs,
les nouveautés, les projets…
Inscrivez-vous à notre Newsletter sur
www.jdheditions.fr
Pour recevoir l'actualité de nos nouvelles
parutions